AF455729

UNIVERSITÉ DE FRANCE.

ACADÉMIE DE STRASBOURG.

ACTE PUBLIC
POUR LE DOCTORAT

PRÉSENTÉ

A LA FACULTÉ DE DROIT DE STRASBOURG

ET SOUTENU PUBLIQUEMENT

LE LUNDI 6 JUILLET 1863, A MIDI,

PAR

MAXIMILIEN LEURET

AVOCAT.

STRASBOURG

TYPOGRAPHIE DE G. SILBERMANN, PLACE SAINT-THOMAS, 3.

1863.

A MON PÈRE.

A MA MÈRE.

M. LEURET.

FACULTÉ DE DROIT DE STRASBOURG.

MM. AUBRY O ✻ . . . . . doyen et prof. de Code Napoléon.
HEPP ✻ . . . . professeur de Droit des gens.
HEIMBURGER . . . . . professeur de Droit romain.
THIERIET ✻ . . . . . professeur de Droit commercial.
RAU ✻ . . . . professeur de Code Napoléon.
LAMACHE ✻ . . . . . professeur de Droit administratif.
DESTRAIS . . . . . . professeur de procédure civile et de législation criminelle.
MUGNIER . . . . professeur de Code Napoléon.
N. . . . . professeur de Droit romain.

M. LEDERLIN, professeur agrégé.

M. BÉCOURT, officier de l'Université, secrétaire, agent comptable.

Commission d'examen.

MM. RAU, président de l'acte public.
LAMACHE,
DESTRAIS,
MUGNIER,
LEDERLIN,
} examinateurs.

La Faculté n'entend ni approuver ni désapprouver les opinions particulières au candidat.

DE

LA SÉPARATION DES PATRIMOINES.

INTRODUCTION.

« L'ordre de la société se conserve dans tous les lieux par les engagements dont Dieu lie les hommes, et il se perpétue dans tous les temps par les successions. »
(Domat, *Traité des lois*, chap. XIV.)

La continuation de la personne est le principe qui rattache les générations les unes aux autres, et assure la stabilité de la société civile. L'homme passe, mais ses droits et ses obligations ne passent pas avec lui; à sa mort, la loi lui donne un successeur qui, comblant le vide qu'il allait laisser, prend son patrimoine avec ses charges et ses bénéfices, et revêt pour ainsi dire sa personnalité.

Mais cette institution éminemment conservatrice, et qui à ce titre se retrouve dans toutes les législations, a aussi ses dangers, tant pour l'héritier représentant du défunt que pour les créanciers de ce dernier.

L'héritier, par suite de la confusion de son patrimoine avec celui du défunt, est tenu sur ses propres biens de toutes les dettes de la succession, et si celui dont il continue la personne est décédé insolvable, il lui faudra perdre ses économies, le fruit de son travail, consommer sa ruine peut-être, pour arriver à acquitter les charges nouvelles qui lui incombent.

La loi devait porter remède à un tel état de choses; elle devait, dans l'intérêt de la famille, protéger l'héritier contre l'insolvabilité de la succession : elle l'a fait en établissant en sa faveur le bénéfice d'inventaire.

Les créanciers du défunt, à leur tour, peuvent être menacés dans leurs droits; dans le cas, en effet, où la succession n'est point obérée, mais où l'héritier est au-dessous de ses affaires, ils se trouvent en présence des créanciers personnels de ce dernier, avec lesquels ils ont à concourir à titre égal, et ils doivent dès lors se contenter d'un paiement partiel, tandis que les biens du défunt, s'ils eussent été seuls à se les partager, eussent suffi à assurer le remboursement intégral de leurs avances.

De là une atteinte grave portée, non plus à la famille cette fois, mais au crédit.

La loi a écarté ce nouveau danger par la création du bénéfice de séparation des patrimoines.

C'est ce dernier bénéfice que nous nous proposons d'étudier; partant du Droit romain qui l'a vu naître, nous essaierons d'en suivre les développements et les transformations successives, dans l'ancien Droit français, dans le Droit intermédiaire et dans notre Droit actuel.

PREMIÈRE PARTIE.

DROIT ROMAIN

(*Dig.*, liv. XLII, t. 6; *Cod.*, liv. VII, t. 72).

CHAPITRE PREMIER.

ORIGINE DE LA SEPARATIO BONORUM. PROCÉDURE.

Les créanciers héréditaires n'avaient à Rome, d'après le droit civil, aucun moyen de se soustraire aux conséquences de la confusion des patrimoines. L'*aditio* les plaçait forcément sur la même ligne que les créanciers personnels de l'héritier, et leur enlevait tout droit de préférence sur les biens de la succession. L'inflexibilité du *merum jus* s'opposait à ce qu'il en fût autrement.

Mais le préteur, dont la mission était d'adoucir par des voies détournées la rigueur du droit strict, ne tarda pas à venir à leur secours en leur accordant, dans certains cas et sous certaines conditions que nous examinerons, le bénéfice de séparation des patrimoines.

Grâce à cette séparation, les créanciers du défunt pourront, tant qu'ils n'auront pas été remboursés, soustraire les biens de la succession à la poursuite des créanciers de l'héritier insolvable, et conserver pour eux seuls un gage qui leur est légitimement acquis. Aussi Ulpien, parlant de cette institution, la déclare-t-il très-équitable: *Hoc est æquissimum* (L. 1, § 1, *D.*, *h. t.*).

C'est donc au préteur que devait se demander la *separatio bonorum*. En dehors de Rome il fallait s'adresser aux présidents, revêtus des mêmes attributions. La faculté d'accorder la *separatio* appartenait encore aux proconsuls; mais ces magistrats, placés à la tête des provinces sénatoriales, ne tardèrent pas à changer leur titre contre celui de président, lorsque toute distinction eut cessé entre les provinces du Sénat et celles de l'Empereur: c'est ce qui explique que les textes font uniquement mention du préteur et des présidents.

Le préteur, avant de rendre le décret de séparation, examinait lui-même l'affaire, sans renvoyer les parties devant un juge; il ne statuait que *causa cognita*, ce qui veut dire, que lors même que toutes les conditions exigées par l'édit se trouvaient remplies, il était libre d'accueillir ou de repousser la demande qui lui était présentée. On comprend très-bien qu'il ne se décidât pas, sans des motifs sérieux, à rescinder la confusion opérée par le droit civil.

La loi Cornelia, en obligeant le préteur à n'apporter aucune modification à l'édit publié par lui lors de son entrée en charge, ne changea rien à cet état de choses. Mais il est permis de supposer que l'usage qui, on le sait, avait force de loi, fit perdre peu à peu au préteur son pouvoir discrétionnaire. Quoi qu'il en soit, ce fut sous Justinien seulement que le droit de séparation fut consacré juridiquement.

La demande en séparation ne faisait jamais l'objet

d'une instance principale et directe ; elle se rattachait aux voies d'exécution forcée et n'était qu'un des incidents de la *missio in possessionem* qui remplaça, sous le système formulaire, la procédure trop barbare de la *manus injectio*.

La place qu'occupe dans le Digeste et dans le Code la matière que nous étudions, ne nous permet pas d'en douter. Le titre qui précède au Digeste le titre *De separationibus*, est intitulé : *De rebus auctoritate judicis possidendis seu vendundis*, et le titre qui suit traite *De curatore bonis dando.* Au Code, les dispositions relatives à la *separatio* et à la *missio in possessionem* sont réunies sous une seule rubrique : *De bonis auctoritate judicis possidendis seu venumdandis et de separationibus bonorum.*

Ce point est le seul sur lequel nous puissions nous prononcer avec certitude, et nous sommes réduits, faute de documents suffisants, à de simples conjectures en ce qui concerne les détails de la procédure.

Plaçons-nous d'abord dans l'hypothèse à laquelle se réfèrent tous les textes : supposons que des poursuites soient dirigées contre l'héritier par ses créanciers, et prenons, pour mieux nous expliquer, l'exemple que nous fournit le § 1er de la loi 1 (*D.*, *h. t.*).

Seius est mort laissant une fortune suffisante pour acquitter toutes ses dettes. Titius son héritier est insolvable. Les créanciers de ce dernier l'ont cité *in jus*, et après le délai légal de trente jours ils ont obtenu du préteur un décret qui les a mis en possession de tous les biens de leur débiteur, et a établi en leur faveur une sorte de gage prétorien.

A partir de ce décret, il va s'écouler un nouveau délai

de soixante jours, employé à régler les conditions de la vente de l'universalité des biens de Titius, et à faire choix d'un *magister* ou syndic, chargé de représenter les créanciers et de faire valoir leurs droits.

C'est très-probablement dans l'intervalle qui séparait ces deux décrets, que les créanciers héréditaires se présentaient devant le magistrat pour réclamer le bénéfice de séparation des patrimoines.

« *Creditores Sei*, nous dit Ulpien, *dicunt bona Sei sufficere sibi; creditores Titii contentos esse debere bonis Titii, et sic quasi duorum fieri bonorum venditionem.* »

Il nous semble résulter assez clairement, des derniers mots de ce texte, que les créanciers du défunt n'attendaient pas que la vente fût consommée pour produire leur demande. Ces expressions, *duorum fieri bonorum venditionem*, font encore présumer que l'obtention de la *separatio bonorum* avait pour effet de donner lieu à deux ventes indépendantes l'une de l'autre, opérées par deux syndics différents.

Les créanciers de l'héritier ayant tout intérêt à réaliser le plus tôt possible l'avantage résultant pour eux de la confusion des patrimoines, l'hypothèse que nous venons d'examiner est celle qui, d'après la nature des choses, devait se rencontrer le plus souvent. Mais nous ne croyons pas qu'il dût nécessairement toujours en être ainsi.

La courte prescription à laquelle était soumise la demande en séparation ne nous permet pas d'admettre que le succès de cette demande pût dépendre du fait personnel des créanciers de l'héritier; autrement ces derniers auraient eu un moyen trop simple de rendre impossible une séparation qui leur était dommageable: il leur aurait suffi de garder le silence pendant cinq années, et ce temps écoulé, ils auraient pu sans danger poursuivre leur débiteur.

Reprenons donc notre exemple, et supposons que les créanciers de Titius restent inactifs. La marche qu'avaient à suivre, en pareil cas, les créanciers de Seius, ne se trouve indiquée nulle part; mais tout nous porte à penser qu'ils actionnaient directement l'héritier Titius, et qu'après le délai fixe de trente jours ils sollicitaient du préteur l'envoi en possession, en formulant en même temps leur demande en séparation. Le préteur statuait sur cette double requête et leur accordait l'envoi en possession, en le limitant aux seuls biens du défunt. La loi 7 (*D.*, *h. t.*) nous paraît, du reste, venir à l'appui de nos conjectures; elle est ainsi conçue: *Qui judicium dictaverunt heredi, separationem quasi hereditarii possunt impetrare, quia ex necessitate hoc fecerunt.*

CHAPITRE II.

DES CAS SPÉCIAUX AUXQUELS S'APPLIQUE LA SEPARATIO BONORUM.

Le préteur, en créant le bénéfice de séparation, avait eu pour but de prévenir les injustices qui pouvaient naître de la confusion des patrimoines, quelles que fussent du reste les causes de cette confusion; aussi les créanciers héréditaires, dont nous nous sommes uniquement occupé jusqu'ici, étaient-ils loin de constituer la seule classe de personnes appelées à jouir de ce bénéfice. L'espèce qui fait l'objet spécial de notre travail n'était qu'un cas particulier de la théorie générale des *Separationes*.

Notre intention n'est pas de nous étendre longuement sur les nombreux cas d'application de la séparation des patrimoines que nous trouvons réunis au Digeste sous la rubrique générale : *De separationibus ;* mais nous ne croyons pas pouvoir nous dispenser de les passer rapidement en revue avant d'entrer dans le détail de notre matière.

I.

Le débiteur insolvable dont les biens étaient vendus en masse était, on le sait, noté d'infamie, et cette tache l'atteignait même après sa mort.

La loi, cependant, donnait au citoyen qui laissait une succession obérée et qui prévoyait qu'il ne se présenterait personne pour l'accepter, un moyen de sauver sa mémoire du déshonneur. Le maître qui voulait éviter que la vente de ses biens fût poursuivie sous son nom, n'avait qu'à instituer héritier un de ses esclaves, auquel il léguait en même temps la liberté. Cet esclave était dit héritier nécessaire parce que, bon gré mal gré, *sive velit sive nolit*, il lui fallait se soumettre à la charge qui lui était imposée et subir l'infamie qu'aurait dû encourir le testateur.

L'esclave ainsi affranchi, ne pouvait plus rien acquérir qui fût à lui ; le fruit de ses labeurs futurs appartenait désormais aux créanciers de son maître. Écrasé presque toujours par un passif énorme, il n'avait même aucun espoir d'arriver par son travail et ses efforts à sortir de cette situation désastreuse.

Touché de la condition malheureuse des héritiers

nécessaires, le préteur leur accorda la séparation de biens (L. 1, § 18, *D.*, *h. t.*).

Cette séparation avait pour effet de restreindre les poursuites des créanciers du défunt aux seuls biens de la succession, et de permettre à l'héritier nécessaire de conserver intactes les acquisitions qu'il pourrait faire par la suite, à l'exception toutefois de celles provenant *ex hereditaria causa.*

Elle faisait encore revivre les engagements contractés par le maître envers son esclave. Quelques auteurs ont voulu voir dans la dernière disposition du § 18 une dérogation nouvelle aux règles du droit civil, et ils ont conclu des termes dont se sert Ulpien, *si quid ei a testatore debetur, separetur,* que le fait de la séparation donnait à la créance purement naturelle de l'esclave, la même efficacité qu'aux créances civiles.

Cette opinion ne nous semble pas admissible; si Ulpien avait eu la pensée qu'on lui prête, il n'aurait pas manqué de s'expliquer avec plus de clarté, et surtout plus de détails, sur un point aussi important. L'esclave n'avait donc aucune action pour se faire payer ce qui lui était dû par le défunt; il pouvait cependant, dans certains cas, se prévaloir de sa créance: par voie de compensation par exemple, quand il se trouvait lui-même débiteur de la succession.

Quant à la note d'infamie, elle continuait à peser sur la tête de l'héritier nécessaire.

II.

Ceux qui avaient traité avec un fils de famille possesseur d'un pécule *castrense*, avaient la faculté, en cas de vente des biens de ce dernier, de demander la séparation des patrimoines contre les créanciers antérieurs à l'acquisition de ce pécule (L. 1, § 9, *D.*, *h. t.*).

On voit que dans cette hypothèse il y a à proprement parler plutôt séparation des créanciers que séparation des patrimoines ; c'est ce que le texte lui-même semble indiquer par ces mots : *an separatio fiat inter castrenses creditores cæterosque.*

La raison qui avait déterminé le préteur à créer, en faveur de certains créanciers, un droit de préférence sur le pécule *castrense*, était tout d'abord une raison d'équité. Ceux, en effet, qui avaient fait des avances à un militaire avaient dû compter, pour être remboursés, sur la qualité de leur débiteur, qualité qui lui permettait de se faire une fortune personnelle, bien qu'il fût encore sous la puissance de son père. Ceux, au contraire, envers qui le fils de famille s'était obligé avant qu'il fût au service, n'avaient pas dû fonder un espoir bien sérieux de paiement sur un pécule que leur débiteur pouvait n'être jamais en situation d'acquérir.

Le préteur avait eu pour but, en outre, de faciliter aux fils de famille qui partaient pour l'armée, les moyens de se procurer les fonds nécessaires à leur équipement.

Tout ce que nous venons de dire s'applique également au pécule *quasi-castrense : Quæcumque de peculio castrensi dicta sunt, et de quasi-castrensi dicenda sunt* (Pothier, XLIX, 17, § 17). S'il n'est pas question de ce pécule dans notre paragraphe, cela tient à ce qu'au temps d'Ulpien il n'était point encore connu.

III.

Une Constitution de Claude rapportée par Ulpien (L. 3, § 4, *D.*, IV, 4), donne au fils de famille lui-même le droit de séparer son pécule du patrimoine de son père, lorsque ce dernier est dépouillé de ses biens par le fisc.

Cette décision semble, au premier abord, être en contradiction avec la loi 1, § 4 (*D.*, XV, 2) : *Sed et si morte patris vel deportatione sui juris fuerit effectus filius, de peculio intra annum heres patris vel fiscus tenebuntur.* Dans ce cas, le fils de famille n'obtient pas la séparation, puisque c'est contre le fisc que les créanciers doivent diriger l'action *de peculio.*

Mais l'antinomie n'est qu'apparente, car ces deux fragments d'Ulpien se réfèrent à des espèces tout à fait différentes. Dans la loi 3, § 4, *De minoribus*, il s'agit de poursuites exercées par le fisc pour le paiement d'une créance, *bona patris propter debitum a fisco occupata sunt*, tandis que l'hypothèse prévue par la loi 1, § 4, *quando de peculio,* est celle où la confiscation des biens du père est la conséquence de la peine de la déportation prononcée contre lui.

IV.

Nous trouvons dans le fragment VI (*D.*, *h. t.*), extrait du *Digeste* de Julien, une nouvelle application de la séparation des patrimoines.

Lorsqu'une affranchie a accepté une hérédité obérée, le patron peut faire distinguer les biens de l'affranchie de ceux qui composent la succession de l'insolvable. Julien, sans s'expliquer davantage, motive ainsi la faveur faite au patron : *Non est iniquum succurri patrono, ne oneraretur ære alieno quod liberta retinendo bonorum possessionem secundum tabulas contraxerit.*

Pour comprendre cette décision, on doit nécessairement supposer que l'espèce prévue était accompagnée de certaines circonstances propres à justifier la séparation. Quelles étaient donc ces circonstances? Cette question n'est résolue ni par Cujas ni par Pothier; les Glosateurs seuls y répondent. D'après eux, et nous partageons cette opinion, il fallait, pour que le patron fût admis à réclamer le secours du préteur, que l'affranchie fût décédée, et que la succession onéreuse dont s'agit n'eût été recueillie par elle que peu de temps avant sa mort. Cette dernière condition paraît ressortir de la loi 1, § 12 (*D.*, *h. t.*), d'après laquelle toute confusion de fait met obstacle à la séparation. La glose indique encore une autre hypothèse très-admissible et analogue à la précédente, c'est celle où l'affranchie est retombée en servitude.

V.

D'après le Sénatus-Consulte Pégasien, le fiduciaire qui refusait d'accepter une hérédité suspecte pouvait, sur la demande du fidéicommissaire, être contraint par le préteur à faire adition, et à restituer ensuite l'hérédité tout entière.

L'effet de cette restitution n'était point de faire perdre au fiduciaire la qualité d'héritier; il restait, à ce titre, soumis aux poursuites des créanciers de la succession, et il n'y échappait qu'en invoquant l'exception *restitutæ hereditatis.* Mais ce moyen de défense lui faisant défaut lorsqu'il ne trouvait personne à qui restituer l'hérédité qu'il avait recueillie malgré lui, un rescrit d'Antonin (L. 1, § 6, *D.*, *h. t.*) l'autorisait à demander dans ce cas au préteur que les biens du testateur fussent vendus comme si sa succession n'avait pas été acceptée.

La position du fiduciaire étant, dans cette espèce, en tout point pareille à celle de l'héritier nécessaire, nous n'insisterons pas sur ce que ce rescrit avait d'équitable.

Il devait arriver très-rarement que la restitution fût impossible; car il fallait pour cela, ou que le fidéicommissaire eût disparu, ou qu'il fût décédé sans héritier pendant que le fiduciaire faisait adition.

VI.

Le préteur accordait le même bénéfice aux créanciers du fiduciaire quand ce dernier se refusait à réclamer la séparation. Nous ne croyons pas qu'il y ait lieu de distinguer ici, comme nous l'avons fait à l'occasion du pécule *castrense* du fils de famille, entre les créanciers antérieurs à l'acceptation forcée de l'hérédité et ceux qui sont postérieurs.

VII.

Si nous n'avons pas parlé jusqu'à présent des créanciers personnels de l'héritier, c'est qu'ils n'ont, en principe, aucun secours à attendre du préteur. « *Licet alicui*, dit Ulpien (L. 1, § 2, *D.*, *h. t.*), *adjiciendo sibi creditorem, creditoris sui facere deteriorem conditionem.* »

Revenant sur cette idée dans le § 5 de la même loi, Ulpien déclare de nouveau qu'ils n'ont à s'en prendre qu'à eux-mêmes du préjudice qu'ils éprouvent par suite de la confusion des patrimoines: *Sibi enim imputent qui cum tali contraxerunt.* Mais il ajoute qu'on doit cependant leur venir en aide, quand leur débiteur a, en vue de leur nuire, accepté une succession onéreuse.

La séparation que le préteur leur octroie dans ces

circonstances est loin de faire double emploi avec l'action paulienne. L'exercice de cette action leur permet bien de faire révoquer les actes faits par leur débiteur en fraude de leurs droits, mais il est limité à la durée d'une année, tandis que la demande en séparation ne se prescrit que par cinq ans.

Nous nous bornerons à cette analyse sommaire des divers cas mentionnés au titre *De separationibus*, et nous nous occuperons exclusivement dans les chapitres suivants de la séparation accordée aux créanciers héréditaires.

CHAPITRE III.

DE CEUX A QUI LA SEPARATIO BONORUM EST ACCORDÉE.

Tous les créanciers héréditaires ont le droit de demander la séparation des patrimoines; peu importe, à cet égard, qu'ils soient en mesure d'exiger actuellement le remboursement de leurs avances, ou qu'il ne leur soit dû qu'à terme ou sous condition. C'est ce que décide formellement Papinien (L. 4, *D.*, *h. t.*), et il motive ainsi sa décision: *Quoniam et ipsis cautione communi consuletur.* Ces expressions sont assez vagues et tout le monde n'est pas d'accord sur le sens qu'il faut leur donner.

Quelques auteurs pensent que la caution dont il est ici question, est celle que les créanciers héréditaires peuvent exiger d'un héritier obéré. Dans cette opinion, le raisonnement de Papinien reviendrait à dire: les créanciers conditionnels doivent être assimilés aux autres créanciers, et jouir comme tels du bénéfice de séparation; car nous les avons déjà traités de la même manière en leur permettant de demander caution à l'héritier insolvalable.

Pour nous, nous nous rangeons à l'avis de Pothier (XLII, 6, § 11, note 5), et nous croyons que le jurisconsulte romain a voulu parler du *pignus prætorium*, qui est une conséquence de l'envoi en possession et qu'on peut à juste titre qualifier de *cautio communis*, puisqu'il profite à tous les créanciers, même à ceux qui n'ont pas sollicité la *missio in possessionem*.

La solution que nous présentons nous amène à reconnaître aux créanciers conditionnels le droit de se faire envoyer par le préteur en possession des biens de leur débiteur.

La loi 6, *pr.* (*D.*, XLII, 4) porte en effet: *In possessionem mitti solet creditor, etsi sub conditione ei pecunia promissa sit.*

Cette loi, il est vrai, semble en contradiction formelle avec la loi 14, § 2 (*D.*, XLII, 4) ainsi conçue: *Creditor autem conditionalis in possessionem non mittitur, quia is mittitur qui potest bona ex edicto vendere.*

Mais les deux fragments que nous venons de rapporter étant placés dans le même titre, et de plus extraits l'un et l'autre de Paul, il n'est guère possible d'admettre qu'il puisse y avoir entre eux une antinomie véritable. C'est ce qu'ont très-bien compris les commentateurs qui se sont occupés de cette question: ils ont tous cherché à expliquer le désaccord apparent des lois 6, pr. et 14, § 2. Nous allons indiquer les principaux systèmes de conciliation qui ont été proposés.

Premier système. Il faut, dit Voët (XLII, 4, § 2), distinguer les créances conditionnelles qui donnent lieu aux actions *bonæ fidei* de celles qu'on fait valoir au moyen d'actions *stricti juris*; la loi 6 s'applique aux premières, tandis que les secondes sont régies par la loi 14.

Dans les actions *bonæ fidei*, le juge est chargé de statuer *ex æquo et bono*, et il puise dans son pouvoir discrétionnaire le droit d'obliger le débiteur à assurer par une caution le paiement de sa dette à l'arrivée du terme ou de la condition (L. 41, *D.*, V, 1). Si la caution n'est pas fournie, le refus du débiteur d'obtempérer aux injonctions du juge motive suffisamment l'envoi en possession qu'accorde le préteur.

Dans le cas, au contraire, où il s'agit d'actions *stricti juris*, le juge, lié par la convention conclue entre les parties, ne peut exiger de l'une d'elles une caution qu'elle ne s'est pas engagée à donner, et le préteur n'a plus, par suite, de raison légitime pour accueillir la requête des créanciers conditionnels qui ne sauraient être admis, *pendente conditione*, à poursuivre la vente des biens de leur débiteur.

Deuxième système. D'après Donneau (Pothier, XLII, 4, § 3, note 5), la loi 14 signifierait que les créanciers conditionnels ne doivent pas être envoyés en possession lorsqu'ils sont seuls, et la loi 6 qu'ils ont droit à l'envoi en possession, quand d'autres créanciers se joignent à eux pour le demander.

Troisième système. Cujas (liv. XII, *Resp. Papin.*, *ad l.* 4, *De separat.*) concilie les deux textes de la manière suivante : Les créanciers conditionnels, dit-il, obtiennent, en tant que créanciers, la *missio in possessionem* promise par l'édit aux créanciers; mais cette *missio* est, pour eux, dénuée de toute efficacité, elle est *sine effectu;* elle ne peut les conduire à la *venditio bonorum*, et de plus elle ne leur donne droit ni aux interdits ni aux actions *in factum* pour vaincre la résistance de leur débiteur, s'il s'oppose à leur entrée en jouissance. C'est en ce sens que la loi 14 porte: *In possessionem non mittuntur.*

L'interprétation donnée par Cujas est très-ingénieuse; mais elle a le défaut de placer les légataires sous condition, qui jouissent incontestablement de la *missio in possessionem cum effectu*, dans une situation meilleure que les créanciers conditionnels, et ce résultat paraît d'autant moins admissible que les légataires n'ont, *pendente conditione*, aucun droit de créance (L. 42, *pr.*, *D.*, XLIV, 7).

Les solutions de Voët et de Donneau ne nous satisfont pas davantage, car rien ne nous paraît justifier les distinctions sur lesquelles elles s'appuient.

Aussi proposerions-nous, si toutefois il nous était permis de le faire, un *quatrième système* dans lequel nous dirions: la mainmise que le préteur accorde aux créanciers sur les biens de leur débiteur peut avoir deux buts différents: elle peut être demandée en vue de la *venditio bonorum*, ou simplement en vue du droit de gage, *pignus prætorium*, qui résulte de l'envoi en possession. Si c'est pour arriver à la vente que les créanciers conditionnels s'adressent au préteur, leur demande sera repoussée conformément à la loi 14; mais s'ils ne se proposent que d'obtenir une sûreté, ils seront, ainsi que cela résulte de la loi 6, envoyés en possession.

Le principe que nous avons formulé en commençant ce chapitre est général et s'applique, en conséquence, aux créanciers hypothécaires. Mais quel intérêt les créanciers nantis d'une hypothèque auront-ils à se prévaloir du bénéfice de séparation? Cette question soulevée par Voët (XLII, 6, § 2) ne présente aucune difficulté. Il est bien évident que la séparation des patrimoines leur offrira, dans certains cas, de grands avantages; il suffit, pour s'en convaincre, de se placer dans l'hypothèse où l'hypothèque est insuffisante pour leur assurer un remboursement intégral.

La circonstance que le créancier est appelé à recueillir une partie de la succession de son débiteur est également indifférente; c'est ce qui résulte de la Const. 7 (*Cod.*, VII, 72). Cette Constitution décide qu'une femme qui est en même temps créancière de son oncle paternel et héritière de ce dernier pour un tiers, peut, si ses cohéritiers sont insolvables, obtenir contre eux la séparation. Il est bien évident que la femme prenant le tiers de l'hérédité, n'aura droit à se faire payer sur les biens du défunt que la portion de sa créance qui ne s'est point éteinte par confusion, c'est-à-dire les deux tiers.

Les créanciers du défunt qui n'auraient pu l'actionner de son vivant sont compris au nombre des créanciers héréditaires et jouissent à ce titre du bénéfice de séparation: tels sont, entre autres, ceux auxquels le défunt a promis de payer une somme d'argent *quum moreretur*, et ceux qui, ayant garanti comme fidéjusseurs une dette, l'ont soldée après le décès de celui qu'ils avaient cautionné (L. 7, *D.*, XLII, 5).

Il faut en dire autant des légataires et des fidéicommissaires assimilés à ces derniers par Justinien. *Hereditariarum actionum loco habentur et legata, quamvis ab herede cœperint* (L. 40, *D.*, XLIV, 7). L'hypothèque établie en leur faveur, sur les choses héréditaires par la Const. 1 (*Cod.*, VI, 43), est loin de rendre superflu le secours du préteur. Dans le cas, en effet, où l'héritier est obéré et où ses biens sont grevés d'une hypothèque générale antérieure, la séparation leur donne un moyen sûr de se soustraire au concours des créanciers personnels de l'héritier.

Mais les légataires ne seront jamais payés qu'après que tous les créanciers héréditaires auront été désintéressés (L. 6, *D.*, *h. t.*). Le testateur ne peut, en faisant des libéralités, porter préjudice à ses créanciers. *Legata non debentur nisi deducto œre alieno quod ipse defunctus contraxit.* (Cujas, Liv. XLIV, *D. Salv. Jul., ad l. pen. de separat.*). C'est donc seulement quand l'actif de la succession sera supérieur à son passif que les légataires seront admis à toucher le montant total ou partiel, suivant les cas, de leurs legs. Ils devront, en outre, subir, sur les valeurs qui leur seront attribuées, la retenue du quart, prescrite par la loi Falcidie au profit de l'héritier institué (*Const.* 15, *Cod.* V, 37).

Pour compléter notre énumération, nous avons encore à faire connaître quelques espèces particulières résolues par les textes.

Nous citerons d'abord les deux cas prévus par Ulpien, aux §§ 7 et 8 de la loi 1 (*D.*, *h. t.*).

Titius meurt après avoir institué son fils Seius et lui avoir désigné comme héritier Sempronius, pour le cas où il décéderait lui-même avant d'avoir atteint l'âge de puberté. Seius accepte la succession de son père et meurt encore impubère. Sempronius, substitué pupillairement, recueille l'hérédité de Seius; mais il est insolvable. Les créanciers de Titius et ceux de Seius obtiendront-ils la séparation dans ces circonstances? Oui, dit Ulpien. Les premiers auront le droit de la demander contre les successions de Seius et de Sempronius, et les seconds contre celle de Sempronius seulement; car vis-à-vis de la succession de Titius ils sont de véritables créanciers héréditaires.

De même si Primus a institué pour héritier Secundus, et si Secundus a à son tour institué Tertius, les créanciers de ce dernier pourront se prévaloir du bénéfice de séparation contre ceux de Tertius et de Secundus, tandis que les créanciers de Secundus ne jouiront de la même faculté que vis-à-vis de ceux de Tertius.

Papinien, dans la loi 3 (*D., h. t.*), permet aux créanciers de demander que le patrimoine du fidéjusseur soit séparé de celui du débiteur principal, lorsque ce dernier, devenu héritier du fidéjusseur, est au-dessous de ses affaires. Il justifie ainsi cette décision : *Neque enim ratio juris, quæ causam fidejussionis propter principalem obligationem, quæ major fuit, exclusit, damno debet afficere creditorem qui sibi diligenter prospexerat.*

Lorsque le créancier, au profit duquel le fidéjusseur s'est porté caution, n'est pas complétement désintéressé par le prix de vente des biens qu'il a ainsi fait séparer, il est admis, pour ce qui lui reste dû, à concourir avec les autres créanciers de l'héritier, son principal obligé; car, dans l'hypothèse où la succession du fidéjusseur n'aurait pas été acceptée par le débiteur, il aurait parfaitement été en droit, s'il n'avait pu obtenir de la caution qu'un paiement partiel, de s'adresser au débiteur principal pour être remboursé intégralement.

CHAPITRE IV.

DES CAUSES D'EXTINCTION DU DROIT DE SÉPARATION.

L'acceptation de l'héritier pour débiteur, la confusion du patrimoine du défunt avec celui de l'héritier et la prescription sont les seules causes de déchéance susceptibles d'être opposées à l'exercice des droits des créanciers héréditaires.

I.

Quels sont les actes de nature à faire supposer que les créanciers ont entendu suivre la foi de l'héritier?

D'après les §§ 10, 11 et 15 de la loi 1 (*D.*, *h. t.*), ceux qui demandent des intérêts à l'héritier ou qui acceptent de lui un fidéjusseur ou toute autre sûreté, telle qu'un gage, perdent le bénéfice de la séparation. Mais ce ne sont là que des exemples, et ces circonstances ne sont pas les seules qui puissent faire présumer de la part des créanciers de la succession l'intention d'avoir l'héritier pour seul débiteur. Il y a là une pure question de fait livrée à l'appréciation du préteur. *De his autem omnibus*, dit Ulpien, *an administranda separatio sit, necne*, *prætoris erit vel præsidis notio*, *nullius alterius* (L. 1, § 14, *D.*, *h. t.*).

Les créanciers qui ont agi imprudemment ne sont jamais admis à revenir sur des actes emportant renonciation à la séparation. La loi 1, § 17 (*D.*, *h. t.*) permet, il est vrai, de les restituer contre une séparation demandée par erreur; mais ce cas est tout différent de celui qui nous occupe : la restitution, dans l'hypothèse du

§ 17, ramène aux principes du droit civil, et c'est à ce titre que le préteur l'accorde.

Si le créancier se trouve dans la nécessité d'actionner le débiteur, pour interrompre une prescription par exemple, ou pour prendre toute autre mesure conservatoire, il n'encourt aucune déchéance; on ne peut voir, en effet, dans ces poursuites, la *mens eligendi* dont parlent les textes, *quia ex necessitate hoc fecit* (L. 7, *D., h. t.*).

II.

La confusion (il s'agit, bien entendu, ici d'une confusion matérielle) rend aussi la séparation impossible (L. 1, § 12, *D., h. t.*). Cette cause de déchéance s'applique plus spécialement aux meubles, car il doit être bien rare que les immeubles perdent complétement leur identité : *Hoc perraro contingere potest.*

Nous examinerons dans le chapitre suivant l'obstacle qui naît de la vente du patrimoine du défunt, faite de bonne foi par l'héritier.

III.

Le droit des créanciers de la succession s'éteint encore par prescription.

Le préteur ne pouvait, sans ruiner complétement le crédit de l'héritier, permettre que ce dernier restât perpétuellement sous le coup d'une demande en séparation, et il devait, pour être équitable, fixer un délai fatal, passé lequel, il refuserait tout secours aux créanciers de la succession : ce délai est de cinq ans, et il court du jour de l'adition d'hérédité (L. 1, § 13, *D., h. t.*).

CHAPITRE V.

DES EFFETS DE LA SEPARATIO BONORUM.

La séparation devant, comme nous le savons, aboutir à la vente de l'universalité des biens de la succession, ne peut porter sur tel ou tel bien détaché, et embrasse nécessairement tout le patrimoine du défunt, ce qu'on exprime en disant qu'en droit romain elle est *collective.*

L'héritier conserve, tant que la demande des créanciers héréditaires ne s'est pas produite, le droit de disposer de la succession, à la condition cependant qu'il agisse de bonne foi: *Quæ bona fide medio tempore per heredem gesta sunt, rata conservari solent* (L. 2, *D.*, *h. t.*).

La séparation, en cas d'aliénation totale, sera donc complétement impossible, et ne comprendra, en cas d'aliénation partielle, que le surplus des choses héréditaires; elle pourrait toutefois, croyons-nous, s'appliquer au prix de vente s'il était encore dû, ou si, pour toute autre raison, il ne s'était point confondu dans le patrimoine de l'héritier: *In judiciis universalibus pretium succedit in locum rei.*

La règle que nous venons d'indiquer concerne également les divers démembrements de la propriété, tels que l'usufruit et les servitudes.

Quant aux hypothèques, le préteur les respectait aussi dans le principe; mais on ne tarda pas à s'apercevoir qu'on fournissait à l'héritier un moyen trop facile de rendre la séparation complétement illusoire, et les empereurs Sévère et Antonin remédièrent à cet état de choses en décidant que ceux qui obtiendraient de l'héritier des gages ou des hypothèques sur les immeubles héréditaires, ne pourraient préjudicier aux droits que la *separatio bonorum* confère à ceux à qui elle est accordée (L. 1, § 3, *D., h. t.*).

Les créanciers héréditaires ne sont pas tenus de suivre tous le même parti : les uns peuvent accepter l'héritier pour débiteur et les autres réclamer le bénéfice de la séparation; ces derniers ne seront admis, dans cette hypothèse, à prendre sur les biens du défunt que la part qui leur serait revenue si tous avaient eu recours à la séparation.

Supposons, par exemple, que Seius meure laissant un actif représenté par 100, des dettes représentées par 200, et que 100 soient dus à Primus et autant à Secundus. Primus, craignant que Titius, l'héritier, ne soit plus insolvable encore que Seius, demande la séparation. Secundus, au contraire, accepte les conséquences de la confusion des deux patrimoines.

Quel est le dividende que devra toucher Primus ? Il n'aura droit évidemment qu'à 50; car c'est là la somme qu'il aurait reçue si Titius n'avait point accepté la succession, et si par suite Secundus, également créancier de 100, était venu en concours avec lui sur les biens de Seius. Quant aux 50 restants, ils se joignent au patrimoine de Titius, pour servir de gage à la fois à ses créanciers personnels et à Secundus.

La séparation des patrimoines rétablissant les choses dans l'état où elles seraient sans l'adition d'hérédité, il est presque inutile de dire qu'elle ne change en rien les rapports des créanciers héréditaires entre eux, et ne fait nullement disparaître les inégalités de droit résultant de la nature des titres.

Si l'actif de la succession est plus que suffisant pour assurer le paiement des dettes qui la grèvent, il reste, après que les créanciers du défunt ont été remboursés, un excédant de biens qui revient incontestablement à l'héritier, et demeure affecté à ses créanciers personnels comme le reste de son patrimoine; car, du moment que le secours accordé par le préteur a eu tout son effet, il n'est plus nécessaire de maintenir la séparation, et on rentre dans les règles du droit civil. Les lois 1, § 17; 3, § 2 et 5 (*D.*, *h. t.*) confirment cette solution.

Les créanciers du défunt que la vente de la succession n'a pas entièrement indemnisés, peuvent-ils réciproquement avoir recours pour le surplus contre l'héritier? Nous nous plaçons, bien entendu, dans l'hypothèse où les créanciers personnels de ce dernier ont été intégralement payés.

Cette question divise les jurisconsultes romains : Papinien (L. 3, § 2, *D.*, *h. t.*) se prononce pour l'affirmative, tandis que Paul (L. 5, *D.*, *h. t.*) et Ulpien (L. 1, § 17, *D.*, *h. t.*) sont pour la négative. L'opinion des adversaires de Papinien nous semble de beaucoup la plus juridique et la plus conforme au véritable caractère de la séparation; aussi l'adoptons-nous sans réserve.

At si creditores defuncti, dit Ulpien, *desiderent ut etiam in bonis heredis substituantur, non sunt audiendi; separatio enim quam ipsi petierunt, eos ab istis bonis separavit.*

A quel titre, en effet, l'héritier serait-il tenu envers ceux qui ont repoussé le contrat qu'il leur offrait de consentir, *qui recesserunt ab ejus persona?* Les créanciers du défunt doivent, si la séparation tourne à leur détriment, supporter les conséquences de leur démarche irréfléchie. Deux voies leur étaient ouvertes, et ils étaient libres de prendre celle qui leur semblait la plus sûre : suspectant à tort la solvabilité de l'héritier, ils ont refusé de l'accepter pour débiteur. Qu'ils s'en prennent à eux-mêmes d'avoir fait un mauvais choix.

Quant à Papinien, voici en quels termes il s'exprime: *Sed in quolibet alio creditore qui separationem impetravit, probari commodius est, ut si solidum ex hereditate servari non possit, ita demum aliquid ex bonis heredis ferat, si proprii creditores heredis fuerint dimissi.*

Cette opinion nous paraît d'autant moins admissible qu'elle ôte toute raison d'être à la déchéance encourue par les créanciers héréditaires qui ont suivi la foi de l'héritier; car s'il existe entre ceux qui ont demandé la séparation et l'héritier un lien juridique, on ne peut logiquement expliquer comment il se fait que la *mens eligendi* mette obstacle à la séparation.

Plusieurs systèmes de conciliation ont été proposés : d'après Voët (XLII, 6, § 3) par exemple, Papinien aurait dans la loi 3 fait allusion aux cas très-rares de restitution prévus par la loi 1, § 17 (*D., h. t.*) ainsi conçue: *Si creditores temere separationem petierunt, impetrare veniam possunt, justissima scilicet ignorantiæ causa allegata.*

Nous n'insisterons pas sur les diverses tentatives qui ont été faites pour concilier l'opinion de Papinien avec celle de Paul et d'Ulpien; car l'antinomie nous paraît résulter de la manière la plus évidente des termes mêmes dont se sert Paul: *Quidam putant, mihi autem non videtur.*

DEUXIÈME PARTIE.

ANCIEN DROIT FRANÇAIS.

CHAPITRE PREMIER.

CARACTÈRE DE LA SÉPARATION DES PATRIMOINES. PROCÉDURE.

Le principe d'équité qui, à Rome, avait présidé à la création du bénéfice de séparation, fit adopter cette institution par notre vieux droit coutumier. « Ce droit, dit Pothier (*Success.*, chap. V, art. 4), est fondé sur ce principe, pris dans la nature des choses, que des créanciers ne peuvent avoir plus de droits sur les biens de leur débiteur, que leur débiteur n'en a lui-même. »

Une seule coutume, celle du Hainaut, refusait ce bénéfice aux créanciers du défunt. Merlin (*Rép.*, *hoc* v°, sect. I) cite à ce sujet un arrêt du Parlement de Flandres, rendu au mois de juin 1672, après vérification faite de l'usage par deux turbes des praticiens du pays.

En passant dans notre ancienne jurisprudence, la séparation subit des altérations profondes quant à son caractère et à ses effets.

Elle cesse d'abord d'être soumise à la condition de

poursuites préalables, et elle se présente comme un moyen direct susceptible d'être invoqué comme tel par voie d'action principale. La *missio in possessionem* et la *venditio bonorum* ont disparu ; il n'est plus question de la vente, en deux masses distinctes, des biens personnels de l'héritier et de ceux qui composent l'hérédité ; aussi la séparation perd-elle nécessairement encore le caractère de mesure collective qu'elle avait dans l'origine, pour s'appliquer aux meubles et aux immeubles du défunt pris individuellement. C'est ce qui résulte de ce passage de Bacquet : « Si les meubles du défunt sont seulement saisis à la requête des créanciers de l'héritier, les créanciers du défunt s'opposeront et obtiendront Lettres Royaux, afin de demander séparation des biens du défunt d'avec ceux de l'héritier » (*Traité des droits de justice*, chap. 21, § 426).

Cette autorisation du souverain, dont parle Bacquet, était un dernier vestige de l'*imperium* du préteur; elle était obligatoire dans la plupart des cas où le droit romain subordonnait la mise en œuvre d'une action à l'obtention d'un décret du préteur.

Les empiétements incessants des Parlements sur l'autorité royale finirent par faire tomber en désuétude les Lettres de chancellerie, instituées surtout dans un but de fiscalité. Les Parlements de Grenoble, Aix et Toulouse, furent, paraît-il, les derniers à en maintenir l'usage.

Au temps de Lebrun déjà, la nécessité de ces Lettres, en matière de séparation, avait complétement disparu. « La séparation est de plein droit parmi nous, et non sujette à demande » (Lebrun, *Success.*, liv. IV, chap. 2, sect. I, § 25).

CHAPITRE II.

DE CEUX A QUI LA SÉPARATION DES PATRIMOINES EST ACCORDÉE.

Tous les créanciers héréditaires pouvaient demander la séparation ; les règles du droit romain n'avaient subi à cet égard aucune modification. Notre ancienne jurisprudence accordait ce bénéfice aux créanciers qui étaient eux-mêmes héritiers pour partie du défunt, ainsi qu'à ceux auxquels il n'était dû qu'à terme ou sous condition.

Les créanciers héréditaires n'avaient, d'après Pothier (*Success.*, *loc. cit.*), aucun avantage à se prévaloir de ce bénéfice lorsque tous les biens de la succession étaient susceptibles d'hypothèque. « La raison est que les créanciers de l'héritier ne peuvent être mis en ordre sur ces biens qu'après eux; car l'héritier, leur débiteur, n'ayant les biens qu'à charge des hypothèques des créanciers du défunt, n'a pu les hypothéquer à ses créanciers que sous cette charge; il n'a pu leur donner d'hypothèque qu'après celle des créanciers du défunt.»

Nous ne partageons pas cette manière de voir, et nous pensons avec Lebrun (*Success.*, *loc. cit.*, § 12), qu'il pouvait se faire que les créanciers de la succession fussent primés par ceux du défunt, et que par suite les premiers eussent grand intérêt à recourir à la séparation; c'est ce qui arrivait, par exemple, lorsque les créanciers de l'héritier avaient exigé de lui une hypothèque générale sur tous ses biens présents et à venir, et que cette hypothèque était antérieure à la date de celle que le défunt avait donnée à ses propres créanciers.

Dans ces circonstances, la séparation conservait toute son utilité pour les créanciers héréditaires, même dans le ressort des Parlements de Rouen, Toulouse et Rennes, qui admettaient l'hypothèque sur les meubles, et dans les duchés de Bourgogne et de Normandie où les coutumes conféraient aux simples créanciers chirographaires une hypothèque prenant rang à partir du décès du débiteur.

Quant aux créanciers de l'héritier, la loi 1, § 2 (*D.*, *h. t.*) leur refusait, on le sait, tout droit à la séparation. Cette règle si nettement prohibitive, formulée par Ulpien, avait été repoussée par la grande majorité des auteurs et la plupart des Parlements (Domat, *Lois civiles*, liv. III, tit. 2; Espiard, addition 124e au *Traité des success.* de Lebrun; Bourjon, *Droit commun de la France*, p. 896, § 26). Merlin (*Rép.*, *hoc* v°, § II) rapporte en ce sens un arrêt du Parlement de Paris du 14 août 1625, prononcé en robes rouges, par le premier Président de Verdun; et Guy du Rousseaud de la Combe (d'Espeisses, *Contrats*, part. III, tit. 2, sect. 5, § 12, note) cite un arrêt du Parlement de Provence du 6 avril 1663 qui avait même étendu la séparation aux légataires de l'héritier.

Cette jurisprudence avait prévalu malgré les efforts de Lebrun, qui en signalait tous les dangers. « Quel droit, disait-il, les créanciers d'un homme vivant ont-ils d'empêcher que par une adition d'hérédité, il n'ajoute de nouvelles dettes à ses anciennes, puisqu'il se peut obérer par toute autre voie? D'ailleurs, serait-il juste que l'on pût rendre inutile une adition d'hérédité pure et simple, qui oblige indistinctement à payer les dettes du défunt, par des titres qui, étant sous seing privé, n'ont pas de date certaine? Et ne serait-ce pas un moyen infaillible pour se décharger des dettes d'une succession que l'on aurait acceptée témérairement, que de susciter ou feindre à plaisir des créanciers chirographaires qui séparent les patrimoines et absorbent les biens de l'héritier? Ce qui me semble une raison invincible pour ne pas donner cette séparation aux créanciers chirographaires de l'héritier» (Lebrun, *loc. cit.*, §§ 15 et 16).

Pothier avait inutilement essayé de soutenir de son autorité l'opinion de Lebrun: la distinction établie par la doctrine romaine était restée aux yeux de tous « une subtilité qui n'est pas goûtée dans notre usage.»

Le système adopté par nos anciens auteurs s'appuyait surtout sur la maxime coutumière: *Toutes exécutions cessent par la mort de l'obligé* (Coutume de Paris, art. 138; Coutume d'Orléans, art. 433). Les créanciers du défunt devaient, pour rendre leur titre exécutoire contre l'héritier, obtenir de celui-ci un *titre nouvel*, ou, en cas de refus, prendre contre lui un jugement. Tant que cette formalité n'était pas remplie, les biens de l'héritier étaient à l'abri de leurs poursuites, et on pensait que dans cet état de choses il n'y avait aucune raison pour ne pas admettre les créanciers personnels de l'héritier à demander que les biens propres de leur débiteur fussent séparés à leur profit.

En ce qui concerne l'exercice du droit de séparation, les pays de Droit écrit avaient conservé la prescription de cinq ans (Domat, *Lois civiles*, liv. III, tit. 2, sect. 2; d'Espeisses, *loc. cit.*, § 16). Il en était de même dans les provinces belges, ainsi que cela résulte d'un arrêt du Parlement de Flandres du 25 février 1689, et d'une sentence du Conseil souverain de Brabant du mois de mars 1703, mentionnés par Merlin (*Rép. hoc* v°, § 3).

Dans les pays de coutumes, au contraire, où l'on tenait pour règle de n'admettre aucune des prescriptions du droit romain si elles n'étaient confirmées par les ordonnances ou les coutumes, on décidait que la demande en séparation pouvait utilement se produire pendant trente années, à compter du jour de l'ouverture de la succession. Pour les meubles cependant, la jurisprudence du Châtelet avait maintenu la déchéance quinquennale (Lebrun, *loc. cit.*, § 24; de Ferrière, *Dict. de droit*, *hoc* v°).

CHAPITRE III.

DES EFFETS DE LA SÉPARATION DES PATRIMOINES.

Nos anciens auteurs avaient pris parti pour Papinien dans la grande controverse que ce jurisconsulte soutenait contre Paul et Ulpien, et ils admettaient que les créanciers de la succession qui avaient demandé la séparation et n'avaient par été intégralement remboursés, pouvaient pour le surplus recourir contre l'héritier, pourvu toutefois que les créanciers de ce dernier n'eussent eux-mêmes plus rien à lui réclamer.

D'Espeisses (*loc. cit.*, § 9) est presque seul de l'avis d'Ulpien, et il s'attire à ce sujet les critiques de son annotateur Guy du Rousseaud de la Combe: « D'Espeisses soutient là une mauvaise opinion avec Cujas. Il faut tenir que les créanciers héréditaires ne laissent pas de venir, pour ce qui leur reste dû, sur les biens de l'héritier, après que ses propres créanciers ont été payés, parce que cette demande en séparation n'efface pas l'adition de l'hérédité.»

Lebrun (*loc. cit.*, § 26) faisant allusion à la loi des Citations, déclare que la grande autorité de Papinien est pour lui un contre-poids suffisant contre toutes les autres, et il ajoute: «De plus, la raison et les maximes demandent que son sentiment prévale; car la séparation obtenue par les créanciers du défunt n'était pas capable d'effacer l'adition ou l'immixtion de l'héritier, et ne servait pas d'exception à la maxime: *Qui semel heres, nunquam desinit esse heres.* Ainsi l'héritier demeurait toujours sujet à l'action personnelle et ses propres créanciers payés, il était juste que ceux du défunt le fussent sur le résidu.»

Quant à Pothier, voici ses expressions: «La séparation de biens, introduite en faveur des créanciers de la succession, ne doit pas être retorquée contre eux; en la demandant, ils n'ont pas eu l'intention de libérer l'héritier de l'obligation qu'il a contractée envers eux par l'acceptation de la succession, mais seulement d'être préférés sur ces biens aux créanciers de l'héritier (*Success.*, *loc. cit.*).»

Dans ce système, la séparation n'effaçait pas l'adition d'hérédité; la saisine n'était modifiée en rien, et les créanciers du défunt restaient créanciers personnels de l'héritier. Il aurait dû, dès lors, leur être permis d'user du droit que leur conférait ce titre, concurremment avec les autres créanciers de l'héritier; du moment, en effet, qu'on laissait subsister l'obligation personnelle de ce dernier, on n'avait aucune raison pour établir sur ses biens un droit de préférence quelconque au profit d'une partie de ses créanciers. Mais cette conséquence logique du système admis par la jurisprudence était repoussée au nom de l'équité. « Puisqu'on leur sépare, dit Pothier en parlant des créanciers héréditaires, les biens de la succession dans lesquels les créanciers de l'héritier pourraient demander une concurrence avec eux, comme étant lesdits biens devenus biens de l'héritier par l'acceptation de la succession, il est équitable qu'en conséquence les créanciers de la succession leur laissent les biens de l'héritier.»

En résumé, on voit que la démarcation si nettement tracée par la doctrine romaine entre les deux classes de créanciers avait presque entièrement disparu, et que notre ancienne jurisprudence n'accordait plus à la séparation d'autre effet que de créer, en faveur des créanciers du défunt, un droit de préférence exclusif sur les biens de la succession, et en faveur des créanciers de l'héritier, un droit analogue sur le patrimoine de ce dernier.

TROISIÈME PARTIE.

DROIT INTERMÉDIAIRE.

La séparation des patrimoines resta, sous la législation intermédiaire, ce qu'elle était dans l'ancien droit, et la réorganisation de notre système hypothécaire, qui s'effectua durant cette période, ne porta pas atteinte aux caractères nouveaux que la jurisprudence des Parlements avait attribués à ce bénéfice.

La loi du 9 messidor an III qui, d'ailleurs, ne fut jamais en vigueur, passait entièrement sous silence cette matière.

La loi plus complète du 11 brumaire an VII, qui rétablissait d'une manière définitive le principe de la spécialité et de la publicité des hypothèques, se bornait à rappeler le droit de séparation sans l'assujettir à des formalités spéciales et sans prescrire à son égard des mesures de publicité.

L'art. 14 de cette loi, après avoir établi l'ordre de collocation des créanciers, se termine par la disposition suivante, très-brève, mais très-explicite : « Le tout sans préjudice du droit qu'ont les créanciers des personnes décédées et les légataires, de demander la distinction et la séparation des patrimoines, conformément aux lois. »

La loi du 11 brumaire an VII ne changeait donc rien aux anciennes règles de nos coutumes et ordonnances, qui continuèrent à être appliquées par les Cours et les Tribunaux. Si elle mentionnait le droit des créanciers héréditaires, c'était uniquement pour le présenter comme une dérogation aux priviléges et hypothèques; elle n'entendait nullement le soumettre à la nécessité de l'inscription.

Aussi décide-t-on avec raison que, sous l'empire de cette loi, les créanciers personnels de l'héritier qui avaient fait inscrire les hypothèques, que leur débiteur leur avait conférées, n'en étaient pas moins primés sur les biens de la succession par les créanciers chirographaires du défunt non inscrits, et par les créanciers hypothécaires de ce dernier inscrits postérieurement. Arrêts de la Cour de cassation du 8 septembre 1806 (Sir., 1806, p. 403) et du 17 octobre 1809 (Sir., 1810, I, 34).

QUATRIÈME PARTIE.

CODE NAPOLÉON

(art. 878 à 881 et 2111).

CHAPITRE PREMIER.

DE CEUX A QUI LA SÉPARATION DES PATRIMOINES EST ACCORDÉE.

Le droit de demander la séparation des patrimoines appartient à tous les créanciers du défunt sans exception, quelles que soient l'origine, la nature ou la modalité de leurs créances.

La généralité des termes de l'art. 878 ne permet pas de douter que ce principe, consacré déjà par le droit romain et par notre ancienne jurisprudence, ne doive être suivi dans notre législation. Peu importe donc qu'il s'agisse de créances conditionnelles, à terme ou actuellement exigibles, «attendu que le porteur d'un titre de créance non échu a le droit de faire tous actes conservatoires, et qu'une demande en séparation de patrimoines, qui n'a pas pour objet de forcer le débiteur à un paiement actuel, mais seulement d'assurer ce paiement dans l'avenir, n'est qu'une mesure conservatoire permise à ce titre à tout créancier » (Paris, 24 juillet 1835; Dalloz, *Rép.*, *hoc* v°, n° 1398).

La forme du titre qui constate la créance est également indifférente ; l'art. 878 semble, il est vrai, n'être que la continuation de l'art. 877, où il n'est question que de créanciers ayant un titre exécutoire, mais par cela même que cet article accorde *dans tous les cas* la séparation aux créanciers héréditaires, on en doit conclure qu'il n'y a, à cet égard, aucune distinction à faire entre ceux qui sont porteurs d'actes authentiques et ceux qui possèdent simplement des titres sous seing privé.

Bien que le bénéfice de séparation soit spécialement destiné à sauvegarder les droits des simples chirographaires, les créanciers hypothécaires ou privilégiés peuvent aussi, comme nous l'avons vu précédemment, avoir grand intérêt à l'invoquer, et nous ne connaissons qu'un seul arrêt, un arrêt de la Cour de Paris du 22 août 1818, qui leur ait refusé le droit d'user de ce bénéfice.

Nous avons examiné, à l'occasion du droit romain, diverses autres hypothèses, celle par exemple où le créancier se trouve être héritier pour partie de son débiteur, et celle où le débiteur principal succède à celui qui l'avait cautionné, et *vice versa*. Nous ne reviendrons pas sur ces questions, au sujet desquelles nous ne pourrions que répéter ce que nous avons déjà dit.

Duranton (t. VII, n° 473) prévoit un cas tout spécial : c'est celui où deux successions, dont l'une est débitrice envers l'autre, sont recueillies par la même personne.

Ainsi un fils succède d'abord à son père, puis à sa

mère, et cette dernière avait des reprises à exercer contre son mari. Les créanciers de la mère jouissent, nous le savons, du bénéfice de séparation en ce qui concerne les biens de leur débitrice. Mais peuvent-ils aussi faire séparer le patrimoine du mari de celui du fils? Évidemment oui, quoique le fils soit devenu à la fois créancier et débiteur des reprises matrimoniales de sa mère. La confusion qui s'est ainsi produite ne saurait être un obstacle, car c'est précisément en vue de faire supposer que cette confusion n'a pas eu lieu, que la séparation des patrimoines a été établie.

La séparation n'ayant, comme nous le verrons plus loin, aucun effet entre les créanciers d'une même succession, ceux de la mère ne viendront exercer les droits de leur débitrice sur les biens de la succession du père, que de la manière dont elle y serait venue elle-même si elle ne fût pas morte; ils devront, en d'autres termes, subir le concours des créanciers du père, sauf, bien entendu, les causes légitimes de préférence qu'ils pourront faire valoir du chef de la femme.

La circonstance que le fils aurait hérité de sa mère avant de succéder à son père, ne changerait rien à la solution de la question.

L'art. 878 ne mentionne pas les légataires, mais cette omission a été réparée dans l'art. 2111; aussi leur droit à la séparation ne leur est-il contesté par personne. D'ailleurs, si l'on ne peut pas dire qu'ils aient jamais été créanciers personnels du défunt, on doit au moins admettre qu'ils sont créanciers de l'hérédité, et qu'il est juste qu'ils obtiennent à ce titre de primer les créanciers de l'héritier sur les biens du défunt.

Les légataires n'ont pas plus que les autres créanciers de la succession besoin de produire un titre authentique; il suffit que la volonté du testateur soit légalement constatée.

On a essayé de soutenir l'opinion contraire en s'appuyant, d'une part sur l'art. 2111, qui oblige les légataires à prendre une inscription pour conserver leur droit, et d'autre part sur l'art. 2148, qui ne permet de s'inscrire qu'en vertu d'un titre authentique. Cette argumentation ne nous paraît pas sérieuse; car, ainsi que le fait très-bien remarquer Grenier (*Hypothèques*, nº 423), il n'y a pas lieu ici d'appliquer les dispositions de l'art. 2148, puisqu'il ne s'agit pas d'hypothèques.

L'utilité de la séparation est évidente pour les légataires à titre particulier; quant aux légataires universels et à titre universel, il ne leur est nécessaire de recourir à ce bénéfice que lorsque la libéralité qui leur est faite est soumise à une condition, ou lorsque leur legs est un legs de meubles *in genere;* il leur importe, dans ce dernier cas, d'empêcher la confusion de ces meubles avec ceux de l'héritier.

Les auteurs qui admettent que l'art. 1017 confère aux légataires une action hypothécaire, discutent longuement le point de savoir si cet article ne fait pas double emploi avec l'art. 878.

Partageant complétement l'opinion de MM. Aubry et Rau, qui refusent de reconnaître aux légataires un droit d'hypothèque légale sur les immeubles de la succession, nous ne nous arrêterons pas sur cette question, car elle ne peut se présenter dans le système que nous adoptons.

L'art. 1017, al. 2, porte : « Ils (les héritiers du testateur ou autres débiteurs d'un legs) en seront tenus hypothécairement pour le tout, jusqu'à concurrence des immeubles de la succession dont ils seront détenteurs. »

Les rédacteurs du Code, en adoptant ce paragraphe, supposaient que lorsqu'on arriverait à l'organisation de notre régime hypothécaire, on consacrerait législativement le droit d'hypothèque légale accordé aux légataires dans la plupart des pays de coutumes ; et, ainsi qu'il est facile de s'en convaincre en étudiant l'historique du titre *Des Donations et Testaments*, ces expressions, *hypothécairement pour le tout*, n'avaient dans leur pensée d'autre portée que de déterminer d'avance les effets de cette hypothèque. Mais cette supposition ne s'est pas réalisée, car il n'existe au titre *Des Hypothèques* aucune disposition qui établisse une hypothèque quelconque au profit des légataires. On en doit dès lors conclure que l'al. 2 de l'art. 1017 est devenu sans objet : car supposer n'est pas disposer (Aubry et Rau, t. VI, p. 168).

CHAPITRE II.

DE CEUX A QUI LA SÉPARATION DES PATRIMOINES N'EST PAS ACCORDÉE.

SECTION PREMIÈRE.

Des créanciers de l'héritier.

Parmi ceux auxquels la loi refuse le bénéfice de la séparation se trouvent tout d'abord les créanciers de l'héritier.

L'art. 881 est ainsi conçu : « Les créanciers de l'héritier ne sont point admis à demander la séparation des patrimoines contre les créanciers de la succession. »

Cet article est conforme aux règles du Droit romain et au sentiment de Pothier, qui combattait de toutes ses forces, comme nous le savons, la doctrine contraire que la jurisprudence des Parlements avait fait prévaloir dans notre ancien droit.

Dans le cas où l'héritier n'aurait accepté une succession évidemment obérée que dans le but de nuire à ses créanciers, ceux-ci pourraient poursuivre par voie d'action paulienne la rétractation de cette acceptation ; l'art. 1167 donne à tous les créanciers le droit d'attaquer en leur nom personnel les actes faits par leur débiteur en fraude de leurs droits.

Mais si théoriquement les créanciers frauduleusement lésés trouvent dans la disposition de l'art. 1167 une garantie efficace, il faut reconnaître qu'en réalité ils ne réussiront que bien difficilement dans leur action révocatoire ; car ils auront à leur charge la preuve de la mauvaise foi de l'héritier et celle de la complicité des créanciers héréditaires, et, comme le disait Lebrun (*loc cit.*, § 20), « il n'y a rien de plus naturel et de moins suspect que de se porter héritier d'une personne dont la succession est déférée par la coutume. »

Chabot (art. 881, n° 2), se fondant sur les art. 788 et 1167, al. 2, refuse dans ce cas aux créanciers de l'héritier le bénéfice de l'action paulienne. L'art. 1167 se termine par ces mots : « Ils (les créanciers) doivent néanmoins, quant à leurs droits énoncés au titre *Des successions*, se conformer aux règles qui y sont prescrites. »

Chabot tire de là la conclusion suivante : « Il est bien dit dans l'art. 788, au titre *Des successions*, que les créanciers du successible peuvent faire révoquer dans leur intérêt la renonciation qu'il a faite à la succession qui lui était échue, et se faire autoriser à accepter cette succession en son lieu et place; mais il n'est dit dans aucun des articles, soit du titre *Des successions*, soit des autres titres du Code, que les créanciers personnels de l'héritier qui a accepté une succession, aient le droit de faire révoquer cette acceptation ou d'en empêcher les effets; et, au contraire, il est de principe élémentaire que l'acceptation est irrévocable sous la seule exception énoncée dans l'art. 783. »

Ces conclusions ne sont pas admissibles. L'al. 2 de l'art. 1167, d'une part, ne peut être sérieusement invoqué à l'appui de l'opinion que nous combattons; car il n'a nullement trait à l'hypothèse qui nous occupe : le cas auquel il se réfère est celui qui est prévu par l'art. 882. Il n'y a, d'autre part, aucun argument *a contrario* à tirer de l'art. 788, qui n'est qu'une application des principes qui règlent la mise en œuvre de l'action paulienne. Cet article nous fournirait même au besoin un argument *a fortiori*. En effet, l'art. 788 donnant aux créanciers un droit qu'ils n'avaient pas à Rome, il doit à plus forte raison être permis de penser que la loi n'a pas entendu leur refuser l'action révocatoire dans des cas où le droit romain et notre droit coutumier les avaient toujours admis à l'exercer.

SECTION II.

Des créanciers héréditaires à qui la séparation des patrimoines n'est pas accordée.

Les créanciers héréditaires perdent quelquefois la faculté de demander la séparation des patrimoines. Les diverses déchéances auxquelles leur droit est soumis rentrent toutes dans une de ces trois causes générales d'extinction : l'acceptation de l'héritier pour débiteur, la confusion et la prescription.

I.

Aux termes de l'art. 879, « le droit de séparation ne peut plus être exercé lorsqu'il y a novation dans la créance contre le défunt, par l'acceptation de l'héritier pour débiteur. »

Le mot *novation* qui se trouve dans cet article y est pris dans un sens tout spécial ; il ne saurait être question de la novation proprement dite telle que la définit l'art. 1271, car il n'y a ici ni changement dans la dette, ni changement dans la personne du débiteur ou dans celle du créancier. Ajoutons encore que si l'on eût entendu exiger une novation proprement dite, il suffisait de dire que le droit de demander la séparation serait éteint *par la novation de la créance* ou *par la novation opérée avec le débiteur*, et il ne fallait pas dire *lorsqu'il y a novation dans la créance du défunt par l'acceptation de l'héritier pour débiteur* (Duranton, t. VII, nº 497).

Cette interprétation est confirmée par de nombreux arrêts de la Cour de cassation. Nous citerons, entre autres, un arrêt du 7 décembre 1814, dont les Considérants sont très-explicites : « Attendu que, d'après les anciens principes puisés dans le texte même de la loi 1, *D.*, *De separat.*, et consacrés depuis par l'art. 879 du Code civil, le droit de demander la séparation du patrimoine du défunt ne peut pas être exercé lorsqu'il y a de la part du créancier acceptation de l'héritier pour débiteur, acceptation que le législateur qualifie de novation en cette matière. »

C'est, en effet, au droit romain que les rédacteurs du Code ont emprunté la disposition de l'art. 879 ; au temps d'Ulpien il y avait novation par le seul fait de l'acceptation de l'héritier pour débiteur, et ce fut sous Justinien seulement que la novation revêtit les caractères qui lui sont attribués aujourd'hui par les art. 1271 et suivants (Const. 8, C. VIII, 42).

Pour qu'il y ait novation dans le sens de l'art. 879, il n'est pas nécessaire que le créancier accepte expressément l'héritier pour débiteur; mais il faut, conformément à l'art. 1273, que l'intention de l'accepter pour tel résulte clairement de l'acte (Nîmes, 21 juillet 1852, Dall., 54, II, 206). C'est là une question de fait laissée à l'appréciation souveraine des tribunaux.

Ainsi le créancier qui reçoit de l'héritier des garanties nouvelles, telles qu'une hypothèque, un gage ou une caution, est, lors même que les sûretés qu'il a obtenues sont insuffisantes, déchu du bénéfice de séparation.

Il n'encourt, au contraire, aucune déchéance en accordant une prorogation de terme. Chabot (art. 879, n° 4) et Dalloz (*Rép.*, *hoc* v°, n° 1420), qui partagent notre opinion sur ce point, se fondent sur ce que de la combinaison des art. 1271, 1281 et 2039, il résulte que la simple prorogation de terme n'emporte pas novation. Cet argument prête à la critique, puisqu'après tout il ne s'agit pas ici d'une véritable novation. Aussi aimons-nous mieux nous appuyer sur cette considération que la concession d'un terme a pu être faite par le créancier du défunt à la succession elle-même, représentée par l'héritier, en sa qualité d'administrateur de cette succession (Demolombe, t. XVII, n° 161).

La réception d'un à-compte ou d'intérêts dus n'emporte pas renonciation à la séparation; car il n'y a dans ce seul fait rien qui permette de supposer que le créancier a entendu suivre la foi de l'héritier.

Il en serait de même dans le cas où les intérêts et les à-compte auraient été exigés, si toutefois ils n'avaient été pris que sur la masse de la succession.

Du reste, le créancier qui fait novation avec l'un des héritiers ne porte aucune atteinte aux droits des autres créanciers de la succession, en vertu de la maxime: *Nemo ex facto alterius pergravari potest*, et conserve pour lui-même la faculté de se prévaloir du bénéfice de séparation au regard des autres héritiers, mais seulement en ce qui concerne leurs parts respectives (Chabot, art. 879, n° 5).

II.

La confusion de fait met aussi obstacle à la séparation; mais elle ne nuit aux créanciers héréditaires que dans les limites dans lesquelles elle s'est produite, et la séparation peut toujours s'exercer sur les biens non confondus (Arrêt de la Cour de cassation du 8 novembre 1815, Dalloz, *Rép.*, *hoc* v°, n° 1449).

La confection d'un inventaire régulier serait, pour

les créanciers de la succession, le moyen le plus sûr d'éviter cette cause de déchéance.

III.

L'art. 880 porte: «Le droit de demander la séparation se prescrit, relativement aux meubles, par le laps de trois ans. A l'égard des immeubles, l'action peut être exercée tant qu'ils existent dans la main de l'héritier.»

Il y a donc une distinction à faire entre les meubles et les immeubles.

Pour les meubles, le législateur a pensé qu'il serait au bout de peu de temps très-difficile de les distinguer de ceux de l'héritier, et il a voulu en limitant à trois ans le droit de les faire séparer, couper court aux procès qui naîtraient nécessairement des réclamations tardives des créanciers. Cette prescription établie par l'art. 880, al. 1, se retrouve en matière de revendication mobilière (art. 2279); elle est conforme aussi au délai fixé par l'art. 809 pour la durée de l'action des créanciers héréditaires contre les légataires qui ont été payés avant que toutes les dettes de la succession aient été acquittées.

Quel est le point de départ de ce délai de trois ans? Est-ce le jour de l'ouverture de la succession, ou bien seulement, comme en droit romain, le jour de son acceptation par l'héritier?

Un arrêt de la Cour de cassation du 9 avril 1810 (Dalloz, *Rép., hoc* v°, n° 1441) décide que la prescription court à compter de l'ouverture de la succession, qu'il en devait être ainsi dans les pays où s'observait la règle coutumière: *Le mort saisit le vif*, et que cette règle a passé dans notre Code, où elle est reproduite à l'art. 724.

MM. Aubry et Rau (t. V, p. 217) pensent avec raison que la Cour de cassation a fait une fausse application du principe de la saisine. La saisine n'engendre, en effet, qu'une confusion de droit entre le patrimoine du défunt et celui de l'héritier, tandis que la déchéance prononcée par le premier alinéa de l'art. 880 est fondée sur la présomption d'une confusion de fait. Or cette confusion ne pouvant se produire que du jour de l'acceptation, c'est à partir de ce jour seulement que doit commencer à courir la prescription. Ajoutons à cela, que la considération de la personne même de l'héritier ayant une influence décisive sur la détermination qui sera prise par les créanciers de la succession, il paraît logique de permettre à ceux-ci d'attendre qu'ils puissent, en connaissance de cause, recourir au bénéfice de la séparation ou y renoncer.

La déchéance que nous venons de faire connaître s'applique aux meubles incorporels comme aux meubles corporels, le mot *meubles* étant dans l'al. 1 de notre article manifestement opposé au mot *immeubles* employé dans l'al. 2 (Demolombe, t. XVII, n° 172).

Quant aux immeubles, ils sont, dit la loi, susceptibles d'être séparés tant qu'ils existent entre les mains de l'héritier. L'action des créanciers héréditaires ne sera donc pas soumise à la prescription trentenaire; mais elle ne sera pas pour cela imprescriptible, en ce sens qu'elle s'éteindra nécessairement avec la créance qu'elle est destinée à garantir.

CHAPITRE III.

DE CEUX CONTRE QUI LA DEMANDE EN SÉPARATION DOIT ÊTRE INTENTÉE.

Les créanciers héréditaires qui veulent se soustraire aux effets de la confusion des deux patrimoines du défunt et de l'héritier, sont tenus de former une demande en justice; car c'est aux tribunaux seuls qu'il appartient de prononcer la séparation. Ce point ne saurait être douteux en présence des expressions employées par la loi, *ils peuvent demander la séparation*, *l'action doit être exercée* (voir art. 878 à 880 et 2111), expressions qui impliquent l'idée d'une instance judiciaire.

Bien que la séparation résulte d'un jugement, on peut dire cependant qu'elle a lieu de plein droit, en ce sens que lorsque toutes les conditions voulues existent, il n'est pas permis aux juges de la refuser.

La demande des créanciers héréditaires se produira tantôt par voie d'action principale, tantôt par voie d'exception.

Contre qui devra-t-elle être dirigée? Contre tout créancier de l'héritier, quelle que soit la faveur attachée à sa créance (art. 878): *sed etiam adversus fiscum et municipes impetraretur separatio* (L. 1, § 4, *D.*, *h. t.*).

Pourrait-elle être intentée contre l'héritier lui-même? Nous ne le pensons pas. A quel titre, en effet, serait-il défendeur à une pareille action? Ses intérêts ne sont nullement en jeu; il reste, malgré la séparation, le représentant du défunt, et il demeure comme tel, en cas d'insuffisance de l'actif de la succession, obligé personnellement envers les créanciers héréditaires tout comme envers ses propres créanciers; peu lui importe, par conséquent, que les uns soient payés avant les autres sur la succession, ou qu'ils viennent tous ensemble en concours sur les biens dont elle se compose. Il n'aurait donc, on le voit, ni intérêt, ni qualité à contredire à une demande en séparation.

Il en serait ainsi alors même que les créanciers de l'héritier ne seraient pas connus.

La Cour de Paris a rendu le 31 juillet 1852 un arrêt en sens contraire, d'où il résulte que la séparation peut être demandée contre l'héritier personnellement, à défaut de créanciers connus (Dalloz, 53, II, 33).

Rien ne justifie cette distinction et on ne porte, en la rejetant, aucune atteinte aux droits des créanciers héréditaires. En effet, pour les immeubles ils n'auront aucune prescription à redouter, et ils se trouveront toujours en temps utile pour demander la séparation, lorsque les créanciers de l'héritier se présenteront pour être colloqués sur le prix de ces immeubles; et en ce qui concerne les meubles, la prescription de trois ans ne leur sera pas opposable, la maxime *contra non valentem agere nulla currit prescriptio* les protégeant contre toute déchéance (Aubry et Rau, t. V, p. 212).

Pour compléter cette discussion, nous rapporterons le texte d'un arrêt de la Cour de Poitiers, du 8 août 1828, dont les considérants nous paraissent répondre à presque toutes les objections faites contre l'opinion que nous soutenons: « Attendu que la faculté accordée par l'art. 878 aux créanciers du défunt de demander, dans tous les cas, contre tout créancier, la séparation des patrimoines, ne peut avoir d'autre objet que celui d'assurer à ces créanciers du défunt le libre exercice de tous les droits qu'ils pouvaient avoir sur les biens de celui-ci, et de les affranchir de toute concurrence avec les créanciers de son héritier; — que ce n'est pas contre l'héritier lui-même que cette séparation doit être demandée pour produire l'effet que la loi a en vue, puisque, dirigée contre cet héritier, elle serait ou sans objet ou dangereuse pour les intérêts des créanciers du défunt: sans objet, puisque si l'héritier n'a accepté la succession que sous bénéfice d'inventaire, cette séparation s'opère de plein droit par la force de la loi et de la qualité prise par l'héritier; dangereuse pour les intérêts des créanciers du défunt, puisque, si l'héritier a accepté purement et simplement la succession, ces créanciers s'exposeraient à se voir contester, après la séparation des patrimoines, l'avantage résultant en leur faveur de la qualité prise par l'héritier pur et simple dont les biens devraient concourir à l'acquittement des charges de la succession; — que dès lors, dans l'esprit comme d'après les termes formels de l'art. 878, ce n'est que contre les créanciers de l'héritier que les créanciers du défunt doivent demander la séparation des patrimoines pour en obtenir quelque avantage» (Dalloz, *Rép.*, *hoc* v°, n° 1412).

La séparation résultant d'un jugement n'a d'effet, d'après l'art. 1351, qu'à l'égard de ceux qui l'ont obtenue et de ceux contre qui elle a été prononcée.

Les créanciers héréditaires sont libres de ne la demander que contre quelques-uns des créanciers de l'héritier, et s'il y a plusieurs héritiers, contre les créanciers de l'un d'eux seulement. Du reste, la faveur qu'ils feront à certains créanciers en leur permettant de poursuivre, concurremment avec eux, le paiement de ce qui leur est dû sur les biens du défunt, ne portera aucun préjudice aux autres; bien au contraire, cette circonstance ne fera qu'améliorer la position de ces derniers, car ce que leurs cocréanciers prendront sur la succession, diminuera d'autant le passif de leur débiteur.

Nous n'avons parlé jusqu'à présent que des créanciers de l'héritier; mais il est d'autres personnes encore que la doctrine et la jurisprudence s'accordent à soumettre à l'exercice du droit de séparation.

Tels sont d'abord les créanciers de la succession qui auront obtenu de l'héritier des sûretés spéciales sur les biens du défunt, une hypothèque par exemple. La séparation aura pour résultat d'anéantir cette hypothèque, en ce qui regarde les autres créanciers héréditaires.

Tels sont encore les légataires du défunt. Ce n'est, en effet, qu'en provoquant la séparation que les créanciers héréditaires peuvent se prévaloir de la règle: *Bona non dicuntur, nisi deducto œre alieno*, règle d'après laquelle les légataires n'ont rien à prétendre que les dettes n'aient été préalablement acquittées.

Tant que dure la confusion, les légataires demeurent créanciers personnels de l'héritier; ils ont pour gage le patrimoine entier de leur débiteur, patrimoine dans lequel sont compris les biens héréditaires, et ils n'ont à subir d'autres causes de préférence que celles que la loi fixe elle-même à l'art. 2094 (Arrêt de la Cour de cassation du 6 décembre 1823, Dalloz, *Rép.*, *hoc* v°, n° 1497).

CHAPITRE IV.

DES BIENS SUR LESQUELS LE DROIT DE SÉPARATION PEUT ÊTRE EXERCÉ.

Le droit de préférence résultant de la séparation des patrimoines s'applique à tous les objets mobiliers et immobiliers dont le défunt était propriétaire au moment de son décès. Mais la séparation n'ayant plus, comme à Rome, les caractères d'une mesure collective et générale, les créanciers de la succession pourront, à leur choix et suivant qu'ils y auront intérêt ou non, exercer leur action sur l'ensemble de l'hérédité, ou sur tel ou tel bien pris individuellement.

Faut-il comprendre au nombre des biens susceptibles d'être séparés, les fruits naturels et civils produits par l'hérédité depuis le décès du *de cujus* jusqu'au moment de la demande? Grenier (*Hypothèques*, n° 436) se prononce pour la négative. Ces fruits, dit-il, sont la propriété exclusive de l'héritier, et se sont, dès l'instant même qu'ils ont été perçus, confondus dans ses biens personnels. Ils n'ont d'ailleurs jamais fait partie du patrimoine du défunt, n'étant échus que depuis l'ouverture de la succession. Merlin (*Rép.*, *hoc* v°, § 4) cite en ce sens un arrêt du Parlement de Paris du 16 février 1694.

Pour nous, nous repoussons cette doctrine, comme contraire au principe sur lequel repose l'institution que nous étudions, principe d'après lequel l'héritier ou ses créanciers ne doivent retirer aucun avantage de la succession tant que les dettes et les charges dont elle est grevée n'ont pas été acquittées.

Les fruits qui se seront confondus dans le patrimoine de l'héritier de manière à ne pouvoir être distingués et reconnus, resteront, nous le reconnaissons, acquis à ce dernier, et il en sera ainsi, non parce que la perception faite par l'héritier aura produit par elle-même une confusion de droit, mais bien parce qu'il y aura, dans ce cas, un obstacle matériel à l'exercice du droit de séparation. Quant aux fruits dont l'identité pourra être constatée, ils devront être compris dans la masse des biens composant le patrimoine reconstitué, et cela en vertu de la règle : *Fructus augent hereditatem.*

Les créanciers héréditaires sont tenus de respecter les aliénations faites par l'héritier; l'art. 880 est formel à l'égard des immeubles, et nous avons pour les meubles, indépendamment de l'argument *a fortiori* qu'il y aurait à tirer de ce même article, la disposition de l'art. 2279.

Mais leur demande est recevable quant au prix de vente, quand il se trouve encore dû par l'acquéreur. Ce prix constitue une valeur héréditaire, car l'action en séparation est, comme toute autre action universelle, soumise à cette ancienne maxime : *In judiciis universalibus pretium succedit in locum rei et res in locum pretii.* D'ailleurs, le but de ceux qui poursuivent la séparation étant d'arriver par la vente des biens du défunt au paiement de leurs créances, le fait de l'héritier, dans l'hypothèse qui nous occupe, loin d'entraver la réalisation du droit de préférence qu'ils tiennent de la loi, doit au contraire en quelque sorte la faciliter. Ajoutons que l'art. 747, qui admet la possibilité de la substitution du prix à la chose aliénée en matière de retour successoral, nous fournit un argument d'analogie d'une certaine valeur; l'al. 2 de cet article porte en effet: «Si les objets ont été aliénés, les ascendants recueillent le prix qui peut en être dû. »

Cette doctrine, déjà suivie dans notre ancien droit, a été consacrée par plusieurs arrêts de la Cour de cassation. « Attendu que la vente des biens d'une succession ne fait point obstacle à l'exercice de l'action en séparation des patrimoines, lorsque le prix est encore à distribuer, parce que le prix représente l'immeuble; que, jusqu'à la distribution, les choses sont entières, et que toutes les parties, l'une à l'égard de l'autre, se trouvent dans le même état» (Arrêts de la Cour de cassation du 26 juin et du 16 juillet 1828, Sir., 1828, I, 427 et 394).

Lorsque c'est un immeuble de la succession qui a été aliéné par l'héritier, les créanciers héréditaires ne sont pas exposés à la déchéance triennale établie par l'art. 880, al. 1: «Attendu que le prix représentant un immeuble, ressort comme lui nature d'immeuble; qu'en lui appliquant en tant qu'immeuble l'al. 2 de l'art. 880, il serait contradictoire de lui appliquer en même temps la prescription que l'al. 1 du même article n'a fixée que pour les objets mobiliers; que l'action en séparation peut s'exercer sur le prix comme elle s'exercerait sur l'immeuble même aussi longtemps qu'on en peut constater l'existence entre les mains de l'héritier, l'al. 1 de l'art. 880 n'ayant trait qu'aux objets mobiliers qui étaient tels au moment de l'ouverture de la succession, et non pas au prix des immeubles aliénés depuis le décès de l'auteur par l'héritier» (Arrêt de la Cour de cassation du 22 juin 1841, Dalloz, *Rép.*, *v°* *Faillite*, n° 494).

Nous avons supposé dans tout ce que nous venons de dire qu'il s'agissait d'aliénations faites de bonne foi: *Quæ bona fide medio tempore per heredem gesta sunt, rata conservari solent.*

Si l'héritier s'était frauduleusement concerté avec les tiers acquéreurs, les créanciers pourraient user du droit que leur confère l'art. 1167, et poursuivre par voie d'action paulienne la rescision des actes de disposition qui leur portent préjudice. En cas d'aliénation à titre gratuit, il suffirait même que l'héritier eût été de mauvaise foi, indépendamment de toute intention frauduleuse de la part des tiers.

Respecterons-nous le dépôt ou le prêt effectués par l'héritier? Évidemment non; car si les biens prêtés ou déposés ne sont plus matériellement entre les mains de l'héritier, il en est cependant encore propriétaire. Le texte de l'art. 880 est, il est vrai, contre nous; mais il n'est douteux pour personne que ces expressions: *tant que les biens existent dans la main de l'héritier*, ne soient ici synonymes de celles-ci: *tant que l'héritier n'est pas dessaisi de la propriété.*

La séparation ne s'applique pas aux biens rentrés par l'effet du rapport dans le patrimoine du défunt. Les créanciers de ce dernier ne peuvent se prévaloir d'une fiction qui n'a pas été faite pour eux, et qui n'a d'autre but que de maintenir entre les héritiers l'égalité qui est de l'essence des partages.

Les anciens auteurs, à l'exception de Pothier et de Lebrun, décidaient au contraire qu'ils avaient droit à faire séparer à leur profit les biens que les héritiers donataires sont tenus de rapporter, parce que, disaient-ils, ces biens donnés, retombant dans la succession, rentraient dans le patrimoine du défunt comme s'ils n'en étaient jamais sortis. Merlin (*Rép.*, *hoc* v°, § 4) rapporte à ce sujet un arrêt du Parlement de Paris du 9 mai 1615.

Quelques-uns, cependant, faisaient une distinction, et restreignaient l'application de ce principe au cas où la dette était antérieure à la donation, par la raison que le créancier avait dû légitimement compter, pour le paiement de sa créance, sur les biens faisant l'objet du rapport.

La question n'est, du reste, plus discutable aujourd'hui; car le Code a reproduit la doctrine de Pothier et de Lebrun dans l'art. 857, qui porte expressément que le rapport n'est dû que par le cohéritier à son cohéritier, et qu'il n'est dû ni aux légataires ni aux créanciers de la succession.

Il en est de même des biens fictivement compris dans la masse héréditaire pour le calcul de la quotité disponible : l'art. 921 est tout aussi formel que l'art. 857.

CHAPITRE V.

EXAMEN DE L'ART. 2111.

SECTION PREMIÈRE.

De l'inscription requise par l'art. 2111.

L'art. 2111 est ainsi conçu: «Les créanciers et légataires qui demandent la séparation du patrimoine du défunt, conformément à l'art. 878, au titre des successions, conservent, à l'égard des créanciers des héritiers ou représentants du défunt, leur privilége sur les immeubles de la succession, par les inscriptions faites sur chacun de ces biens, dans les six mois à compter de l'ouverture de la succession. — Avant l'expiration de ce délai, aucune hypothèque ne peut être établie avec effet sur ces biens par les héritiers ou représentants au préjudice de ces créanciers ou légataires. »

L'inscription à laquelle l'art. 2111 subordonne l'exercice du droit de séparation sur les immeubles héréditaires, est une innovation des rédacteurs du Code; elle n'était point exigée par la loi du 11 brumaire an VII qui, ainsi que nous le savons, se bornait à s'en référer aux lois antérieures, et ne prescrivait à l'égard du bénéfice de séparation aucun mode de publicité.

L'idée de cette mesure d'une utilité incontestable a été empruntée au projet proposé par le tribunal de Cassation. « Aucun de ceux qui ont pu traiter avec l'héritier, porte l'exposé qui précède ce projet, ne peut s'en plaindre; car il faut bien qu'avant de recevoir hypothèque sur son bien, il s'assure de sa propriété sur la tête du débiteur; il faut qu'il voie les titres et qu'il les juge. Il saura donc que le bien proposé provient d'une succession échue au débiteur: et par cela seul il sera suffisamment averti de ne pas le recevoir pour son gage, s'il n'a pas préalablement l'assurance, ou qu'il n'y a pas de créanciers de la succession, ou qu'ils sont payés. Au reste, il faut que cette entrave ne puisse pas durer éternellement et que la loi fixe un terme court à la demande des créanciers héréditaires pour la séparation des patrimoines. Il est juste que le droit de s'inscrire pour ce privilége sur les biens héréditaires ne dure que six mois depuis l'ouverture de la succession » (Fenet, t. II, p. 640).

Cette inscription se prend au bureau de la Conservation des hypothèques du lieu où se trouvent situés les immeubles héréditaires. Elle doit contenir les énonciations exigées par les art. 2148 et 2149. Toutefois, les créanciers de la succession ne sont tenus de se conformer aux prescriptions de ces articles qu'autant qu'il leur est possible de le faire. Ainsi, bien que l'art. 2148 oblige l'inscrivant à présenter au conservateur l'original en brevet ou l'expédition d'un titre authentique, les créanciers simplement chirographaires et les légataires dont le titre n'est pas authentique, sont admis à prendre inscription sur la seule présentation d'un titre sous seing privé, par ce motif que le droit de demander la séparation appartient, comme nous l'avons établi dans le Chap. 1er, à tous les créanciers du défunt indistinctement.

Les termes précis employés dans l'art. 2111, *les inscriptions faites sur chacun de ces biens*, ne peuvent laisser aucune incertitude sur le point de savoir s'il est nécessaire que les immeubles de la succession soient spécialement désignés.

Un arrêt de la Cour de Nîmes du 19 février 1829, décide cependant qu'une inscription générale sur tous les biens est suffisante: « Attendu que l'art. 2129 est le seul qui exige la spécialisation des immeubles hypothéqués, et qu'il faut d'ailleurs distinguer parmi les priviléges ceux qui portent sur un immeuble, tels que le privilége du vendeur, de l'architecte et autres, de celui accordé au créancier qui demande la séparation du patrimoine du défunt, puisque les premiers ne peuvent ignorer quel est l'immeuble qui est le gage de leur créance, tandis que le second, dont le privilége s'étend sur tous les immeubles du défunt, peut se trouver dans la position de ne pouvoir les connaître tous» (Sir., 1829, II, 214).

Ces motifs ne nous satisfont nullement; car, indépendamment de l'argument décisif que nous fournit le texte même de l'art. 2111, il nous semble bien peu probable que les créanciers puissent ignorer quels sont les immeubles héréditaires. Et d'ailleurs, n'est-ce pas à ceux qui demandent la séparation à préciser quels sont les biens sur lesquels ils prétendent exercer leurs droits?

Il est une autre question qui s'est élevée au sujet du délai de six mois dont parle l'art. 2111 : on s'est demandé si les créanciers du défunt étaient, à peine de déchéance, obligés de provoquer la séparation dans le même délai de six mois.

Les auteurs qui se prononcent pour l'affirmative basent tout leur système sur les mots *qui demandent la séparation*, et ils en concluent que l'art. 2111 a modifié l'art. 880, en ce sens que la faculté accordée par ce dernier article durera envers les créanciers chirographaires de l'héritier tout le temps que les immeubles resteront entre les mains de celui-ci, et envers les créanciers hypothécaires qui se seront fait inscrire sur les biens de la succession, pendant les six mois seulement qui suivront la mort du défunt.

Merlin (*Rép.*, *hoc* v°, § 3) ajoute même que s'il pouvait naître quelques doutes à ce sujet, ils seraient bientôt résolus par le fait suivant qui est relaté dans les procès-verbaux du Conseil d'État: les mots *qui demandent la séparation* ne se trouvaient pas dans le projet de l'art. 2111, tel qu'il avait été préparé par la

Section de Législation, et ils y ont été ajoutés d'après un amendement proposé au sein du Conseil d'État. Cet amendement, dit-il, n'a pu avoir d'autre but que de limiter à six mois la durée de l'action en séparation.

Sans parler des difficultés auxquelles conduirait dans la pratique l'application du système proposé par Merlin, nous ferons remarquer que l'abrogation d'une disposition aussi explicite que celle de l'art. 880 ne peut s'admettre sans un texte formel.

La pensée du législateur a été uniquement d'obliger, dans l'intérêt des tiers, les créanciers de la succession à s'inscrire dans un délai déterminé; et comme sanction de cette règle nouvelle, il a subordonné l'efficacité du droit de préférence à la condition d'une inscription prise en temps utile. Il n'y a là rien de contraire à l'art. 880; car le droit de demander la séparation ne saurait être confondu avec le droit de préférence résultant de cette séparation.

Quant aux expressions *qui demandent la séparation*, elles n'ont pas la portée qu'on leur attribue; si le législateur a cru utile de les ajouter, c'est pour mieux faire saisir le rapport qui doit exister entre les art. 880 et 2111, très-distants l'un de l'autre.

Cette question est très-bien résumée dans un des considérants de l'arrêt de la Cour de Nîmes du 19 février 1829, que nous avons déjà eu occasion de citer. « On ne peut, dit la Cour de Nîmes, trouver une dérogation à la disposition positive d'une loi, que dans le cas où une nouvelle disposition législative prononcerait cette dérogation, ou dans le cas encore où chacune d'elles se trouve être inconciliable, leur exécution simultanée devient impossible; les caractères distinctifs de la dérogation ne peuvent s'induire ni des termes, ni de l'esprit qui a dicté l'art. 2111, dont aucune des dispositions n'a évidemment pour objet de soumettre le créancier du défunt à former dans les six mois de l'ouverture de la succession sa demande en séparation de patrimoines, sous peine de déchéance; tandis que l'art. 880 l'autorise à la former, relativement aux immeubles, tant qu'ils existent dans les mains des héritiers; en ajoutant dans l'art. 2111 aux mots *les créanciers et légataires*, ceux-ci : *qui demandent la séparation du patrimoine du défunt, conformément à l'art. 878*, le législateur n'a entendu faire qu'une simple énonciation, dans le seul objet d'indiquer le rapport qu'ont entre eux ces deux articles; ces deux mots: *les créanciers qui demandent*, doivent être considérés comme synonymes de ceux-ci : *qui ont le droit de demander*, et ne peuvent constituer une disposition législative qui doit toujours être conçue en termes impératifs, injonctifs ou prohibitifs. »

SECTION II.

De la nature et des effets de l'inscription.

La question la plus importante de cette matière est celle de savoir si le droit de préférence que la séparation confère aux créanciers héréditaires et qui est qualifié de privilége dans l'art. 2111, constitue réellement un privilége proprement dit. Cette question est vivement controversée, et l'on peut invoquer pour l'affirmative comme pour la négative des autorités très-imposantes et de nombreux arrêts.

Pour nous, nous nous rangeons à l'avis de ceux qui

pensent que c'est improprement que la loi qualifie du nom de privilége le droit des créanciers héréditaires, et nous allons essayer de justifier cette opinion.

Le principal argument que nous opposent nos adversaires est le texte même de l'art. 2111 : Les créanciers qui s'inscrivent dans le délai de six mois conservent leur privilége. On ne peut douter, disent-ils, que le mot *privilége* n'ait ici toute sa valeur technique, et que l'art. 2111 n'ait transformé le droit de séparation en une véritable hypothèque privilégiée. L'intention du législateur est d'autant plus manifeste que c'est au titre des *Priviléges et Hypothèques* qu'il place la disposition qui fait l'objet de l'art. 2111, alors qu'il avait déjà organisé la séparation au titre des *Successions*.

Nous répondrons tout d'abord que l'expression *privilége* n'a rien de décisif par elle-même ; car elle était déjà employée dans notre ancien droit, notamment par Bourjon et Lebrun, pour désigner le bénéfice de séparation, qui, à cette époque, n'avait incontestablement d'autre effet que de permettre aux créanciers du défunt d'être payés sur les biens de la succession préférablement aux créanciers personnels de l'héritier.

On la retrouve encore avec le même sens spécial et limité dans le projet du tribunal de Cassation ; cette dernière considération nous semble particulièrement importante, l'art. 2111 n'étant, ainsi que nous l'avons établi, que la reproduction des idées émises par la Cour suprême.

L'argument qu'on tire de la place assignée dans le Code à l'art. 2111, nous paraît aussi facile à écarter. Remarquons en effet que les art. 878, 879 et 880 ont été décrétés le 29 germinal an XI, et l'art. 2111 le

29 ventôse an XII, c'est-à-dire une année après. Il n'est donc pas étonnant que les rédacteurs du Code n'aient pas réglé au titre des *Successions* la publicité de la séparation, puisqu'ils n'étaient pas encore fixés à ce moment sur le système à adopter pour porter à la connaissance des tiers les droits qui leur sont opposables.

D'ailleurs, l'art. 2111 se trouve dans la sect. IV du tit. XVIII, intitulé : *Comment se conservent les priviléges.* Il ne peut être question de conserver une chose qu'autant que cette chose existe. Or les trois sections précédentes, qui ont précisément pour objet d'énumérer les priviléges dont la sect. IV s'occupe de conserver l'existence, ne mentionnent nullement le droit de séparation.

Ce prétendu privilége n'est donc ni classé ni défini.

Le privilége, nous dit l'art. 2095, est un droit fondé sur la qualité de la créance. Peut-on dès lors songer à faire rentrer dans la catégorie des priviléges le bénéfice de séparation, puisque ce bénéfice est indépendant de la qualité de la créance, et s'accorde à tous les créanciers du défunt, quelles que soient la nature et l'origine de leurs titres?

Le droit de séparation se distingue du privilége encore en d'autres points, indiqués d'une manière très-nette par M. de Broë : « Les priviléges et hypothèques, dit ce magistrat, ont pour but : 1° La suite des biens d'un tiers; 2° le rang sur ces mêmes biens; tandis que la demande en séparation est la revendication de son bien propre, du chef du propriétaire décédé (art. 1166). — Les priviléges et hypothèques ont pour but le paiement d'une créance, la demande en séparation a pour objet la composition du patrimoine du défunt, abstraction faite du paiement des créances ; car celui qui la demande peut ne pas venir en ordre utile, et les légataires ont le droit de la demander. — Les priviléges et hypothèques naissent de la qualité de la créance ou de l'inscription, tandis que la demande en séparation peut être formée par des créanciers chirographaires, par des créanciers sans titres, sans priviléges ou hypothèques ; elle naît de la seule qualité de créancier ou de légataire du défunt, dont ils revendiquent la propriété. — Une quatrième différence enfin, c'est que l'hypothèque pèse seulement sur les immeubles, tandis que la demande en séparation peut avoir aussi des meubles pour objet (Dufresne, *De la séparation*, n° 93 ; Réquis. de M. de Broë dans l'affaire de Verny contre de Filinge, Rej., 16 juillet 1828). »

Nous ajouterons à l'appui du système que nous venons d'exposer, que l'art. 2111 ne parlant que des immeubles, nos adversaires sont forcément amenés à faire entre les meubles et les immeubles une distinction qui n'a aucune raison d'être. Comment admettre, en effet, que le droit de séparation puisse constituer un privilége, quand il a pour objet les immeubles de la succession, et redevenir un simple droit de préférence, quand il ne s'applique qu'aux meubles?

Nous avons à examiner maintenant quels sont les effets de l'inscription.

Les créanciers héréditaires qui s'inscrivent dans le délai de six mois, à compter du jour où la succession s'est ouverte, conservent d'une manière complétement efficace leur droit de préférence et priment les créanciers hypothécaires de l'héritier, alors même que l'inscription de ces derniers précède la leur.

Ceux qui ne se sont pas mis en règle dans les six mois, peuvent encore utilement le faire passé ce délai; mais cette inscription tardive n'a plus d'effet rétroactif, et elle ne maintient le droit de préférence des inscrivants que vis-à-vis des créanciers de l'héritier qui n'ont pas acquis d'hypothèques sur les immeubles du défunt, ou dont les hypothèques n'ont été inscrites que postérieurement.

M. Troplong (*Priviléges et hypothèques*, n° 383) pense que dans ce cas, le bénéfice de séparation dégénère en hypothèque, l'art. 2113 portant que «les créances privilégiées soumises à la formalité de l'inscription à l'égard desquelles les conditions prescrites pour conserver le privilége n'ont pas été accomplies, ne cessent pas néanmoins d'être hypothécaires, l'hypothèque ne datant, vis-à-vis des tiers, que de l'époque de l'inscription.»

Cette opinion ne nous paraît pas soutenable du moment où l'on reconnaît que le bénéfice de séparation n'est pas un privilége, puisqu'il n'est question dans l'art. 2113 que de créances privilégiées. De plus, est-il admissible que des créanciers puissent, en ne se conformant pas aux prescriptions de la loi, améliorer leur position, et acquérir par leur négligence des avantages qu'ils n'avaient pas?

L'inscription ne porte pas atteinte au droit de disposition dont jouit l'héritier relativement aux biens qui composent la succession, et les créanciers du défunt n'ont aucun droit de suite à l'encontre des tiers détenteurs des immeubles héréditaires.

Mais, nous objecte-t-on, n'est-ce pas se mettre en opposition avec l'esprit de la loi que de laisser l'héritier libre de compromettre gravement, d'anéantir peut-être, des droits que le législateur cherche précisément à sauvegarder ? A cette objection nous répondrons avec MM. Aubry et Rau (t. V, p. 233) « que la séparation n'est point une mesure établie pour garantir les créanciers héréditaires et les légataires de toute espèce de préjudice, mais un remède spécial destiné à obvier au dommage que leur causerait la confusion des patrimoines, en faisant participer les créanciers de l'héritier au droit de gage dont ils jouissaient exclusivement; que cette séparation replace, à cet égard, les créanciers héréditaires et les légataires dans l'état où ils se trouvaient avant la confusion des biens du défunt avec ceux de l'héritier, mais ne leur accorde aucun droit nouveau, et n'a, par conséquent, pas pour effet de les soustraire aux dangers dont, en l'absence de tout droit de suite, ils étaient déjà menacés du vivant du défunt.»

On discutait autrefois longuement le point de savoir si l'art. 834 du Code de procédure était applicable au bénéfice de séparation, et si par suite, les créanciers du défunt devaient, à peine de déchéance, s'inscrire dans la quinzaine de la transcription de l'acte translatif de propriété. Nous ne nous arrêterons pas sur cette question, qui n'a plus aujourd'hui qu'un intérêt purement historique, puisque l'art. 834 du Code de procédure a été abrogé par l'art. 6 de la loi du 23 mars 1855 sur la transcription en matière hypothécaire. Cette dernière loi n'ayant trait qu'aux priviléges et hypothèques, n'a modifié en aucune façon les règles concernant la conservation du droit de préférence attaché à la séparation des patrimoines.

SECTION III.

Du cas où la succession est acceptée sous bénéfice d'inventaire par l'héritier.

L'acceptation de la succession sous bénéfice d'inventaire opère de plein droit la séparation des patrimoines du défunt et de l'héritier, puisqu'elle en empêche la confusion. Elle dispense même les créanciers héréditaires de prendre l'inscription requise par l'art. 2111 pour la conservation de leur droit de préférence; car l'acceptation bénéficiaire une fois faite, est à leur égard définitive et irrévocable, en ce sens qu'il n'est plus au pouvoir de l'héritier d'anéantir par une renonciation expresse ou tacite les effets de la séparation ainsi opérée.

La jurisprudence est aujourd'hui bien fixée sur ce point, qui était dans le principe l'objet d'une vive controverse entre les auteurs.

Parmi les nombreux arrêts que la Cour de cassation a rendus en ce sens, nous en citerons un du 18 juin 1833 dont les considérants portent : « que la séparation des patrimoines opérée par l'acceptation sous bénéfice d'inventaire, par l'acte authentique passé au greffe et par l'inventaire qui en est la condition essentielle, ne peut, par rapport aux créanciers de la succession, disparaître et cesser d'avoir effet par la suite, et moins encore plusieurs années après par le fait de l'héritier; — que la peine d'être en ce cas considéré comme héritier pur et simple, est établie en faveur des créanciers du défunt, et ne peut, par conséquent, tourner contre eux et les priver de leur gage exclusif; qu'eux seuls pourraient invoquer cette déchéance, puisqu'elle n'existe que pour eux ; que ni l'héritier ni ses créanciers ne peuvent se créer un droit, par un fait personnel de cet héritier, administrateur comptable; — qu'une doctrine contraire ouvrirait carrière à des fraudes qu'il serait impossible de constater, puisque l'héritier pourrait, par un fait même secret et à l'insu des créanciers de la succession, leur enlever leur gage et l'attribuer à ses propres créanciers» (Sir., 33, I, 730).

A ces considérations nous ajouterons un argument de texte tiré de l'art. 2146, d'où il semble résulter que non seulement l'inscription de l'art. 2111 ne serait ici d'aucune utilité, mais que cette inscription devrait même être annulée, si elle avait été prise.

Dans le cas où il y aurait plusieurs héritiers, l'acceptation bénéficiaire d'un seul suffirait pour opérer la séparation, même à l'égard de ceux qui auraient accepté purement et simplement. Mais cette séparation n'aurait son plein et entier effet qu'aussi longtemps que durerait l'indivision; après le partage, elle ne pourrait nécessairement plus s'appliquer qu'aux biens tombés dans le lot de l'héritier bénéficiaire (Riom, 8 août 1828, Sir., 29, II, 39).

CHAPITRE VI.

DES EFFETS DE LA SÉPARATION DES PATRIMOINES.

SECTION PREMIÈRE.

Des effets de la séparation des patrimoines entre les créanciers héréditaires et les légataires.

La séparation des patrimoines a pour effet de faire cesser la confusion juridique produite par l'acceptation de l'héritier, et de rétablir les choses dans l'état où elles se trouvaient avant la mort du *de cujus*.

Elle crée au profit des créanciers héréditaires qui remplissent les conditions requises par la loi, un droit de préférence opposable aux créanciers de l'héritier; mais elle ne modifie en rien les rapports des créanciers du défunt et des légataires entre eux. Tout se passe à leur égard comme si leur débiteur existait encore, et chacun d'eux conserve, qu'il se soit ou non conformé aux prescriptions de l'art. 2111, la position que lui assurait la nature de son titre; c'est ce qui résulte des art. 878 et 2111, aux termes desquels la séparation n'a d'effet que vis-à-vis des créanciers de l'héritier.

Ainsi, les créanciers privilégiés passeront les premiers; après eux viendront les créanciers hypothécaires, puis les simples chirographaires, et en dernier lieu seulement les légataires, en vertu de la maxime: *Nemo liberalis, nisi liberatus.*

Les créanciers ne sont pas tenus de prendre tous le même parti: les uns peuvent user du bénéfice que leur confère l'art. 878, et les autres accepter purement et simplement l'héritier pour débiteur. La séparation ne profite dans ce cas à ceux qui l'ont obtenue, que dans la limite des avantages qu'ils en auraient retirés si tous l'eussent demandée. Le dividende qu'ils touchent est le même que celui auquel ils auraient eu droit si leur débiteur n'était pas mort, et la part de ceux qui ont renoncé à la séparation accroît l'actif de l'héritier.

Soit, par exemple, une succession dont l'actif est de 100,000 fr., et dont le passif, représenté par deux créances de valeur égale appartenant à Primus et à Secundus, s'élève à 200,000 fr. Primus réclame seul la séparation ; il touchera 50,000 fr., car c'est la somme qui lui serait revenue si ses droits avaient été réglés du vivant du débiteur. Quant aux 50,000 fr. restants, ils entreront dans le patrimoine de l'héritier, pour être partagés entre Secundus et ses autres créanciers personnels.

La liquidation de la succession ne présente aucune difficulté quand le conflit ne s'élève qu'entre des créanciers du défunt, puisque, vis-à-vis les uns des autres, ils ne sont pas admis à se prévaloir de l'accomplissement des formalités prescrites par l'art. 2111.

Mais la question se complique lorsque, parmi les créanciers chirographaires du défunt ou les légataires, il s'en trouve qui, ne s'étant pas inscrits en temps utile, sont primés par des créanciers hypothécaires de l'héritier plus diligents.

Diverses hypothèses peuvent se présenter. Supposons d'abord qu'il s'agisse de distribuer une somme de 30,000 fr., prix de vente des immeubles héréditaires entre Primus, créancier du défunt, inscrit dans les six mois pour 20,000 fr.; Secundus, également créancier du défunt, inscrit pour 40,000 fr., mais après les six mois seulement ; et Tertius, créancier hypothécaire de l'héritier, inscrit pour 15,000 fr. antérieurement à Secundus.

On commencera par régler la part de Primus, et la somme qui lui sera attribuée sera celle qui lui serait revenue s'il avait eu à partager avec Secundus, au marc le franc, le prix des immeubles vendus.

Mais, nous objecte-t-on, du moment où Primus prime Tertius, qui lui-même prime Secundus, n'y a-t-il pas lieu d'appliquer la maxime : *Si vinco vincentem te, a fortiori te vincam*, et de colloquer, dans l'espèce, Primus pour le montant intégral de sa créance? Évidemment non, car la maxime qu'on nous oppose ne peut être invoquée qu'autant que la cause de préférence du premier créancier sur le second est la même que celle qui fait préférer celui-ci au troisième; ce qui n'est pas le cas ici, puisqu'ainsi que nous l'avons démontré, la cause de préférence qui naît de l'art. 2111 est dénuée de toute efficacité entre les créanciers héréditaires.

Primus touchera donc 10,000 fr.; Tertius recevra la somme entière pour laquelle il est inscrit, c'est-à-dire 15,000 fr., et les 5000 fr. restants reviendront à Secundus.

Quelques auteurs, notamment Duranton (t. XIX, n° 227), suivent un autre mode de règlement moins avantageux pour les créanciers hypothécaires de l'héritier. Tertius, disent-ils, a su ou a dû savoir, lorsqu'il s'est inscrit, que les immeubles étaient déjà grevés d'une inscription de 20,000 fr. au profit de Primus; il n'a donc pu compter que sur le reliquat que laisserait disponible cette première collocation, c'est-à-dire 10,000 fr. dans notre hypothèse.

Nous rejetons ce système qui aurait pour effet de créer en faveur de Secundus un droit de préférence complétement arbitraire. Et d'ailleurs, si l'on veut se guider d'après des suppositions, ne doit-on pas plutôt supposer que Tertius comptait, en s'inscrivant, s'assurer un droit de gage sur toute la somme excédant la collocation effective de Primus, puisque les inscriptions des créanciers héréditaires ne sont efficaces que jusqu'à concurrence de la part que ceux-ci ont à prétendre dans le dividende commun (Aubry et Rau, t. V, p. 229)?

On suivrait un mode de répartition analogue, en cas de conflit entre des créanciers hypothécaires de l'héritier et des légataires du défunt.

Il nous reste à examiner une dernière hypothèse, c'est celle où il y a concours à la fois entre des créanciers du défunt, des légataires et des créanciers hypothécaires de l'héritier.

Supposons, par exemple, que la vente des immeubles de la succession ait produit 40,000 fr. Primus, institué légataire pour 10,000 fr., a pris inscription en temps utile; Secundus, créancier du défunt pour 35,000 fr., ne s'est inscrit qu'après les six mois; Tertius, créancier hypothécaire de l'héritier, s'est inscrit pour 15,000 fr. avant Secundus.

Le défunt, en vertu de la règle : *Nemo liberalis, nisi liberatus*, n'avait le droit de disposer que de la somme de 5000 fr., chiffre auquel s'élevait son actif, déduction faite des dettes; c'est cette somme que prendra le légataire. Tertius, inscrit pour 15,000 fr., sera intégralement payé, et Secundus n'aura droit qu'à l'excédant, soit 15,000 fr.

Secundus ne pourrait se plaindre de ce résultat, et se prévaloir du droit de préférence qu'il a conservé vis-à-vis de Primus légataire, pour réclamer les 5000 fr. attribués à ce dernier; car, dans la distribution, leurs rapports réciproques ont été respectés, et il serait injuste que Primus supportât les conséquences de la négligence de Secundus, alors surtout que la somme qui lui a été allouée, est précisément celle qu'aurait laissée disponible le paiement du créancier héréditaire.

SECTION II.

Des effets de la séparation des patrimoines à l'égard de l'héritier et de ses créanciers personnels.

La séparation des patrimoines n'a pas pour résultat de modifier le principe de la division des dettes, et de permettre aux simples créanciers chirographaires du défunt de poursuivre chacun des cohéritiers au delà de sa portion contributoire dans les dettes, et jusqu'à concurrence des valeurs héréditaires qu'il détient par suite du partage.

L'art. 1221, en effet, ne mentionne pas le droit de séparation parmi les exceptions qu'il apporte au principe de la divisibilité, et les exceptions, on le sait, ne doivent pas se suppléer. Il ne faut pas oublier, en outre, que la séparation n'est point une mesure dirigée contre l'héritier et qu'elle n'a d'autre but que d'assurer aux créanciers qui la demandent, la préférence sur les créanciers personnels de l'héritier, quant aux biens qui composent la succession (voir en ce sens un arrêt de la Cour de cassation du 14 février 1825, Sir., 33, I, 639).

Ceux qui pensent que la séparation met obstacle à la division des dettes s'appuient principalement sur les art. 2092 et 2093. La séparation, disent-ils, reconstitue au profit des créanciers du défunt le patrimoine de leur débiteur. Or tous les biens du débiteur étant affectés au paiement des dettes qu'il a contractées, on ne voit pas comment l'héritier pourrait retenir aucune partie de ces biens, tant que les engagements de celui qu'il représente n'ont pas été acquittés (Bordeaux, 14 juillet 1836, Sir., 37, II, 222).

Sans doute les biens du débiteur sont le gage commun de ses créanciers, l'art. 2093 le dit formellement; mais on ne peut tirer de là aucun argument en faveur du système que nous combattons, car ce droit de gage ne frappant le patrimoine que par l'intermédiaire de la personne, ne produit que des actions personnelles qui, comme telles, rentrent sous l'application de l'art. 1220, et se divisent en conséquence de plein droit entre les héritiers (Aubry et Rau, t. V, p. 233).

La séparation ne libère point l'héritier de l'obligation personnelle qu'il a contractée vis-à-vis des créanciers du défunt, en acceptant la succession; et ces derniers peuvent, après avoir épuisé l'actif héréditaire, poursuivre sur les biens de l'héritier le paiement de ce qui leur reste dû.

Cette doctrine, déjà enseignée par Papinien, avait, ainsi que nous l'avons précédemment constaté, prévalu dans notre ancien droit, où elle était adoptée par les auteurs les plus recommandables et par la jurisprudence des Parlements.

Elle doit être encore suivie aujourd'hui; car si les rédacteurs du Code, qui ont emprunté à Pothier la majeure partie des dispositions relatives à la séparation, avaient entendu enlever aux créanciers héréditaires qui ont fait séparer à leur profit les biens du défunt, la qualité de créanciers personnels de l'héritier, ils n'auraient pas manqué de manifester nettement leur désaccord avec l'ancienne jurisprudence.

Les partisans de l'opinion contraire nous opposent le texte de l'art. 879, d'où il résulte, prétendent-ils, que les créanciers du défunt qui ont obtenu la séparation perdent tout droit sur les biens de l'héritier, puisqu'à l'inverse, ceux qui ont accepté l'héritier pour débiteur ne sont plus recevables à se prévaloir du bénéfice de l'art. 878.

Cet argument repose sur une fausse interprétation de l'art. 879, qui n'a pas la portée qu'on veut lui attribuer. « Ce qui résulte de l'art. 879, dit M. Demolombe (t. XVII, n° 220), c'est que la séparation doit être demandée *rebus integris*, c'est-à-dire *avant* que le créancier du défunt ait encouru la déchéance du droit de la demander en acceptant l'héritier pour débiteur; mais il ne s'ensuit nullement que le créancier du défunt, *après* avoir demandé la séparation, ne conserve pas l'héritier pour débiteur. »

Mais les créanciers du défunt devront-ils attendre, pour agir contre l'héritier, que les créanciers personnels de celui-ci aient été entièrement désintéressés? Nous ne le pensons pas. En règle générale, la prérogative dont jouissent plusieurs créanciers d'être payés préférablement aux autres sur certains biens affectés spécialement à leurs créances, ne leur enlève pas la faculté de concourir sur le surplus des biens du débiteur avec ceux d'entre leurs cocréanciers qui n'ont ni hypothèque ni privilége à faire valoir. L'art. 878 ne déroge pas au droit commun, car il ne soumet à aucune condition restrictive l'avantage qu'il assure aux créanciers héréditaires. Ceux-ci ne peuvent donc, en demandant la séparation, perdre les droits qu'ils ont acquis sur les biens propres de l'héritier par l'acceptation que ce dernier a faite de la succession. La solution négative de cette question est d'autant moins douteuse, que l'opinion opposée conduit à établir, contrairement au texte formel de l'art. 881, un véritable droit de séparation des patrimoines au profit des créanciers de l'héritier.

TABLE DES MATIÈRES.

PROPOSITIONS.

DROIT ROMAIN.

I. Les créanciers de la succession peuvent exercer leur droit de séparation sur le prix provenant de la vente de l'hérédité faite de bonne foi par l'héritier, lorsque ce prix est encore dû. La loi 3 (*D.*, XXXV, 2) ne peut fournir aucun argument contre cette solution.

II. Il n'y a pas antinomie entre la loi 3, § 4 (*D.*, IV, 2) et la loi 1, § 4 (*D.*, XV, 2).

III. Il n'y a pas antinomie entre la loi 6, pr. (*D.*, XLII, 4) et la loi 14, § 2 (*D.*, XLII, 4).

IV. Il n'existe pas d'actions tout à la fois réelles et personnelles.

DROIT CIVIL FRANÇAIS.

I. Les créanciers qui poursuivent la révocation des actes de disposition à titre gratuit faits par leur débiteur, n'ont pas besoin de prouver l'intention frauduleuse de ce dernier.

II. L'art. 883 s'applique aux créances comme aux biens corporels.

III. Les légataires n'ont pas d'hypothèque légale sur les immeubles de la succession.

IV. Le droit résultant de l'art. 2111 n'est pas un privilége.

DROIT ADMINISTRATIF.

I. Les Conseils de préfecture connaissent des dommages permanents résultant de travaux publics comme des dommages temporaires, sauf les cas d'exception spécialement prévus par la loi.

II. Les chemins de fer et les canaux ne sont pas la propriété des compagnies concessionnaires.

DROIT COMMERCIAL.

I. Les créanciers d'une société en commandite n'ont pas d'action directe pour obliger les commanditaires à verser leur mise; mais ils jouissent à cet égard de l'action indirecte résultant de l'art. 1166.

II. Le porteur d'une lettre de change irrégulièrement endossée peut la transmettre par voie d'endossement régulier.

Vu par le président de l'acte public,
C. RAU.

Vu par le soussigné doyen,
C. AUBRY.

Permis d'imprimer.
Strasbourg, le 22 juin 1868.
Le Recteur, DELCASSO.

www.ingramcontent.com/pod-product-compliance
Ingram Content Group UK Ltd.
Pitfield, Milton Keynes, MK11 3LW, UK
UKHW021602260726
13993UKWH00002B/995